DIE GROSSEN KATASTROPHEN

WIE UND WARUM ES GESCHAH

DIE GROSSEN KATASTROPHEN

WIE UND WARUM ES GESCHAH

Illustrationen von Richard Bonson • Text von Richard Platt

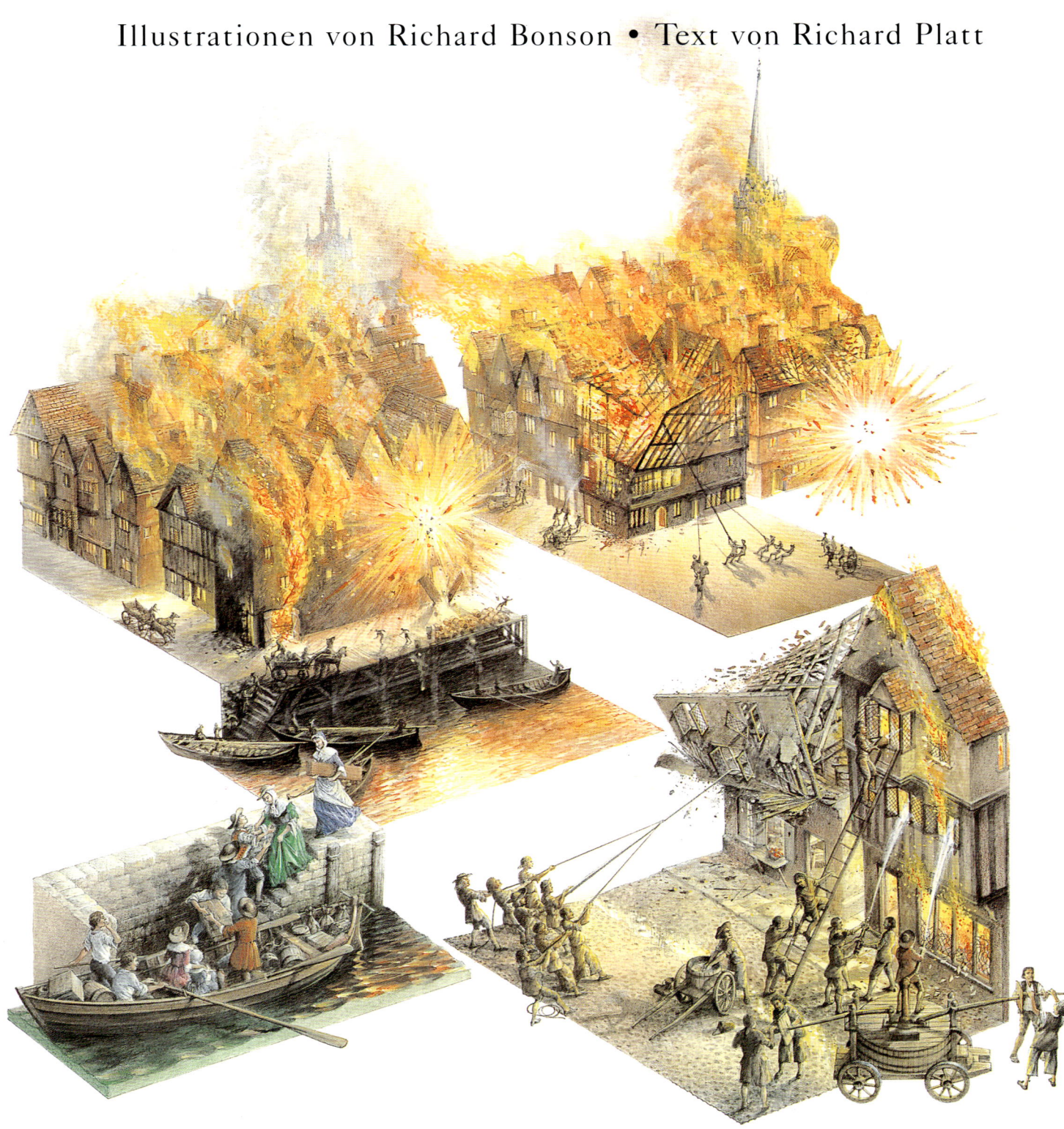

LOEWE

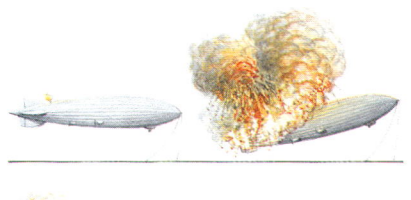

EIN DORLING KINDERSLEY BUCH

Originalausgabe veröffentlicht 1997 von Dorling Kindersley Limited,
9 Henrietta Street, London WC2E 8PS
Titel der Originalausgabe: Disaster!
© 1997 Dorling Kindersley Limited, London
Text © 1997 Richard Platt

Die Deutsche Bibliothek – CIP-Einheitsaufnahme

Die *großen Katastrophen* : wie und warum es geschah /
Ill. von Richard Bonson. Text von Richard Platt.
[Aus dem Engl. übers. von Michael Schmidt].
– 1. Aufl. – Bindlach : Loewe, 1998
Einheitssacht.: Disaster! <dt.>
ISBN 3-7855-3207-5

ISBN 3-7855-3207-5 – 1. Auflage 1998
© für die deutsche Ausgabe 1998 Loewe Verlag GmbH, Bindlach
Aus dem Englischen übersetzt von Dr. Michael Schmidt
Umschlaggestaltung: Karin Roder
Satz: DTP im Verlag
Printed in Italy

INHALT

Vesuv
6

Der schwarze Tod
8

Der grosse Brand
10

Flut am Hwangho
12

BLIZZARD
14

TSUNAMI
16

HINDENBURG
24

LAWINE
26

HURRIKAN
28

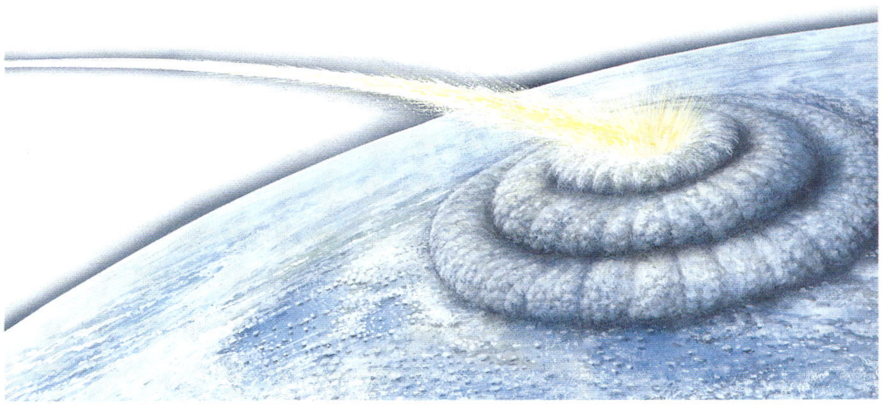

ERDBEBEN
18

TITANIC
20

KÜNFTIGE KATASTROPHEN
30

GROSSE
DÜRRE
22

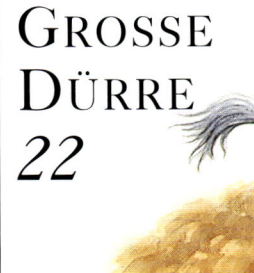

REGISTER UND
DANKSAGUNGEN
32

Die grossen Katastrophen

VESUV

"Das war doch nicht etwa der Vesuv?", fragten sich die Menschen in Pompeji, als am 24. August 79 die Erde bebte. Düster ragte der Vulkan über dem süditalienischen Städtchen auf, aber er war seit so vielen Jahren ruhig geblieben, dass sich niemand an den letzten Ausbruch erinnern konnte. Und dann explodierte er mit ohrenbetäubendem Krachen. Tags darauf war Pompeji ein Grab aus Schlamm und Staub.

Tödliche Brise
Die Asche, die Pompeji begrub, wurde vom Nordwestwind über die Stadt geblasen.

Pompeji heute
Tausende besuchen heute das von Asche befreite Pompeji, Millionen leben in dieser Gegend. Ein neuer Ausbruch des Vesuv könnte fünfhundertmal so viele Menschen töten wie im Jahre 79.

24 AUG — Es fing harmlos an
Die ersten Erschütterungen haben die Leute in Pompeji nicht sonderlich beunruhigt. Erdbeben kommen in der Region häufig vor und richten selten großen Schaden an. Aber dann begann der Vulkanausbruch, der den Gipfel des Berges sprengte. Grelle Blitze zuckten durch die riesige Wolke aus Asche, glühende Brocken flogen hoch in die Luft.

Normalerweise drängten sich die Menschen in Pompejis Straßen, vor den Backstuben und Trinkständen.

Die Explosion sprengte den Gipfel des Vesuvs; Gestein und Asche fielen auf die Erde.

Vom Ausbruch erzeugte Erdbeben zertrümmerten die Gebäude.

Pompeji war eine große, reiche Stadt.

Luxus
Die luxuriösesten Häuser von Pompeji hatten prächtige Speiseräume und Gärten. Die Asche bewahrte sie mit allen Details, wie etwa den wunderbaren Bodenmosaiken und Wandgemälden.

Beim Frühstück überraschte das Erdbeben die Pompejaner.

25 AUG — Tödliche Wolke
Als die Aschewolke die Sonne verdunkelte und den Tag zur Nacht machte, flohen fast alle Pompejaner. Während die letzten ihre Habe zusammenrafften, bedeckten Asche und Bimssteinflocken den Boden. Erstickt von Staub und Rauch, starben die Menschen inmitten der Kostbarkeiten, die sie hatten retten wollen.

Reiche und Arme starben nebeneinander.

Schneller Tod
Rasch begrub die Asche Pompeji unter sich. In den Straßen und Gebäuden fanden die Archäologen die Spuren von 2 000 Leichen. Der Schlammstrom, der das benachbarte Herculaneum verschlang, war langsamer – hier starben nur 30 Menschen.

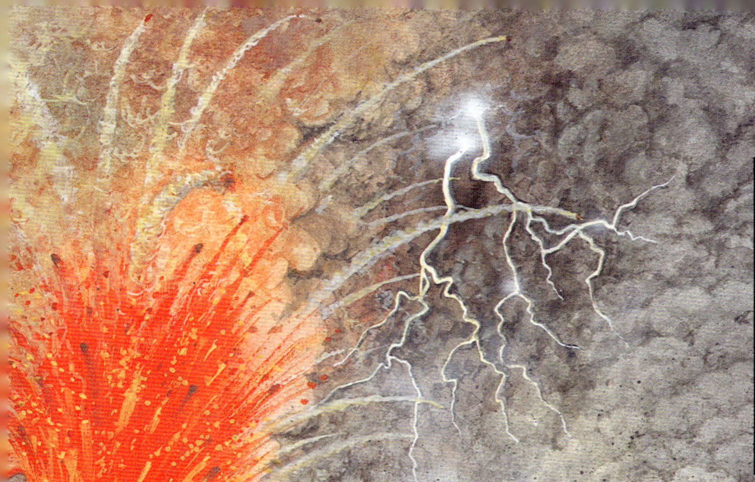

VESUV

Der Ablauf einer Tragödie

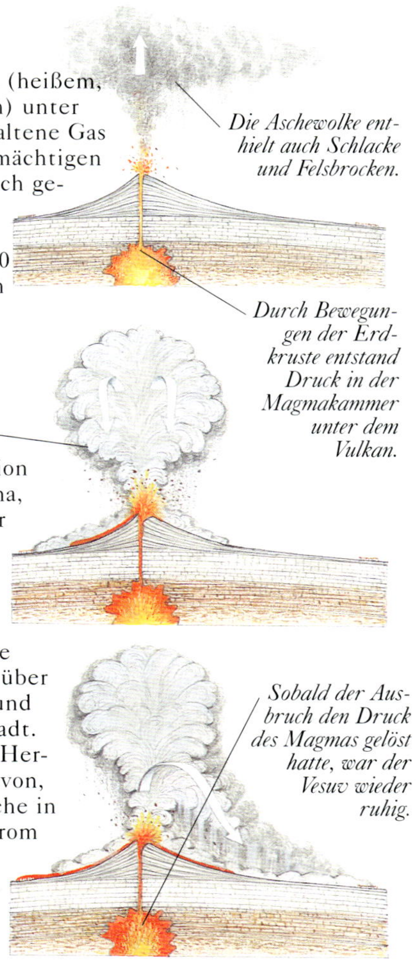

1. Das im Magma (heißem, flüssigem Gestein) unter dem Vulkan enthaltene Gas führte zu einem mächtigen Ausbruch. Das hoch geschleuderte Gestein hätte für den Bau von 1 100 Cheopspyramiden gereicht.

Die Aschewolke enthielt auch Schlacke und Felsbrocken.

Tennisballgroße Steine gingen neben dem Vesuv nieder.

Durch Bewegungen der Erdkruste entstand Druck in der Magmakammer unter dem Vulkan.

2. Bei der Explosion zerstob das Magma, erstarrte zu feiner Asche und fiel zu Boden.

3. Die Aschewolke wurde vom Wind über Pompeji geweht und verschlang die Stadt. Das benachbarte Herculaneum kam davon, bis Regen die Asche in einen Schlammstrom verwandelte, der die Stadt begrub.

Sobald der Ausbruch den Druck des Magmas gelöst hatte, war der Vesuv wieder ruhig.

Blitzwolke
Bei einem solchen Ausbruch laden Dampf und Reibung zwischen Staubteilchen die Luft mit statischer Elektrizität auf. So bilden sich spektakuläre Blitze.

Überlebende des Ausbruchs sahen erstaunt, dass die ganze Bergspitze explodiert war.

Der Vulkankegel bestand aus vielen Asche-, Staub- und Gesteinsschichten.

Unter Druck stehendes Gas im Schlot schleuderte den Inhalt mit doppelter Schallgeschwindigkeit hoch.

Erstarrte Lava blockierte den Vulkanschlot.

Weil die Asche so viele Menschen und Dinge begrub, ist Pompeji das am besten erhaltene Zeugnis römischen Lebens.

Menschenabdrücke
Die verwesten Leichen hinterließen Hohlräume in der Asche. Der Archäologe Giuseppe Fiorelli (1823–1896) goss Gips in diese perfekten Formen und konnte so den Augenblick des Todes bis ins Detail rekonstruieren. Die Gipsabdrücke halten sogar Mimik und Gewebestrukturen fest.

Die Asche schützte die Begrabenen vor Wetter und Vandalismus.

Fliehende banden sich Kissen oder Tücher um den Kopf.

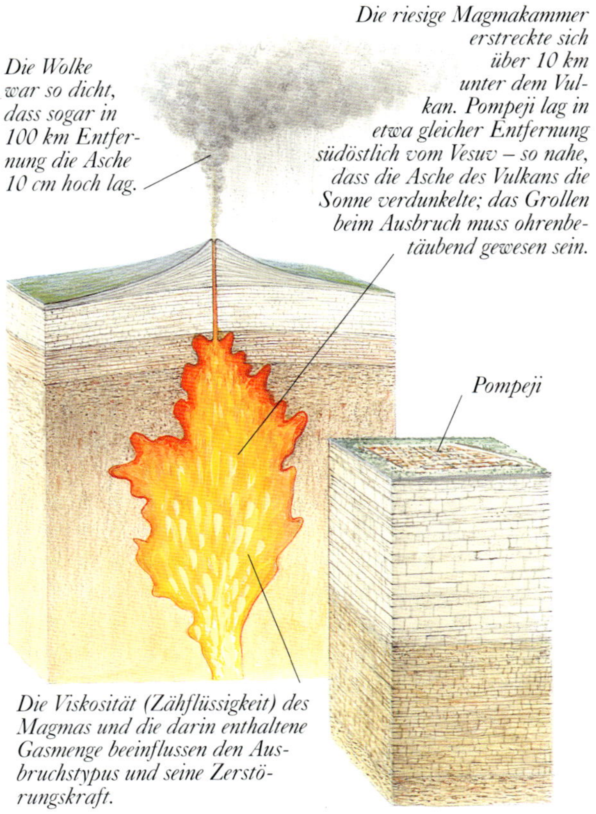

26 AUG — Asche bedeckt Pompeji
Zwei Tage lang fiel Asche, durchbrach die Dächer und füllte die Räume. Nach schweren Regenfällen wurde sie hart wie Beton, in einer Schicht von sechs bis sieben Metern. Die Überlebenden verließen die Stadt. Die Menschen vergaßen, wo Pompeji gelegen hatte und sogar seinen Namen – sie sprachen nur noch von „der Stadt".

Viele in ihren Häusern gefangene Menschen versuchten vergebens, den tödlichen Staub mit Tüchern aus der Luft zu filtern.

Von Asche begrabene Leichen.

Vulkanasche konservierte die Wandbilder.

Viele Speiseräume sind in Pompeji erhalten.

Ausmaße der Katastrophe

Die Wolke war so dicht, dass sogar in 100 km Entfernung die Asche 10 cm hoch lag.

Die riesige Magmakammer erstreckte sich über 10 km unter dem Vulkan. Pompeji lag in etwa gleicher Entfernung südöstlich vom Vesuv – so nahe, dass die Asche des Vulkans die Sonne verdunkelte; das Grollen beim Ausbruch muss ohrenbetäubend gewesen sein.

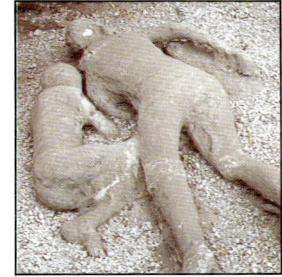

Pompeji

Die Viskosität (Zähflüssigkeit) des Magmas und die darin enthaltene Gasmenge beeinflussen den Ausbruchstyp und seine Zerstörungskraft.

Die grossen Katastrophen

Der schwarze Tod

Die grösste Katastrophe der Weltgeschichte verursachte ein stummer, unsichtbarer Killer: die Pest. Mitte des 14. Jahrhunderts verbreiteten Ratten diese Krankheit in ganz Europa. Die Menschen nannten sie den schwarzen Tod oder auch Beulenpest, wegen der großen schwarzen Beulen an den Leichen der Opfer. Die Pest befiel durch Kälte und Hunger schon geschwächte Menschen; die meisten starben innerhalb einer Woche. Am Ende hatte die Epidemie ein Viertel der Bevölkerung Europas getötet.

Ratten!
Die Pest, vorwiegend eine Rattenkrankheit, wird durch Flöhe übertragen, die ihre Rattenwirte beißen. Wenn zahlreiche Ratten an der Pest sterben, suchen sich die Flöhe Menschen als neue Wirte.

Gemeiner Floh

Tödlicher Parasit
Der Erreger der Pest befällt die Eingeweide der Rattenflöhe. Diese erbrechen das gesaugte Blut auf ihre Opfer und hinterlassen so das tödliche Bakterium.

Wo alles anfing
Der Ausbruch von 1347 begann vermutlich im Krimhafen Kaffa. Er wurde von Mongolen belagert, die pestverseuchte Leichen über die Mauern katapultierten. Bei der Rückkehr nach Italien brachten Schiffe den Pesterreger mit.

Das Ausmaß der Katastrophe
Die von Asien sich ausbreitende Pest befiel 1347 nur ein kleines Gebiet. Aber bis 1351 hatte sie fast ganz Europa erfasst.

Winter 1351
Sommer 1350
Winter 1348
EUROPA
Sommer 1348
Winter 1347

Solange es nur wenige Tote gab, bekamen die Pestopfer ein anständiges Begräbnis.

Das steinerne Herrenhaus des Landherrn war das größte Haus im Dorf.

Die meisten Armen waren Landarbeiter.

Schlechte Lebensbedingungen verschlimmerten alles. Die meisten Häuser waren klein, kalt und feucht; die Familien wohnten in einem einzigen Raum.

Die Symptome der Pest waren leicht zu erkennen; reiche Leute flohen, sobald sie ausbrach.

Die Armen konnten nicht fliehen: Sie hatten keine Verkehrsmittel; viele durften sowieso nicht ohne Erlaubnis ihres Herrn weggehen.

Ratten leben in den Reetdächern, auch im Stroh und Unrat auf den Fußböden.

Von Rattenflöhen gebissene Menschen bekamen die Beulenpest, die schmerzhafte Schwellungen in der Leistengegend oder Achselhöhle hervorrief. Später kam ein Husten dazu, der die ansteckendere Lungenpest verbreitete. Ihre Opfer litten an schwerer Atemnot und spuckten Blut.

1348 Sommer

Oft hatte die Landbevölkerung schon vor der Pest zu leiden gehabt. Missernten und Hungersnöte waren keine Seltenheit; die Menschen waren extrem geschwächt und besonders anfällig für ansteckende Krankheiten. Ideale Bedingungen für die Pesterreger, die mit infizierten Ratten von heimkehrenden Schiffen eingeschleppt wurden. Rasend schnell breitete sich die Seuche aus.

„Wohin des Wegs, Fremder?" Reisende verbreiteten die Nachricht von der Pest, aber bald wurde klar, dass sie auch die Infektion verbreiteten. Die Landbevölkerung misstraute jedem Fremden; einige Dörfer stellten sogar Wachen auf, die nur die Einheimischen hereinließen.

Die grossen Katastrophen

Der grosse Brand

Im 17. Jahrhundert brannte es oft in London. Als Farrinors Bäckerei am frühen Sonntagmorgen, dem 2. September 1666, Feuer fing, waren daher nur wenige Menschen beunruhigt. „Bah!", rief der hinzugezogene Lord Mayor. „Das könnte eine Frau auspissen!" Aber nach dem heißen, regenarmen Sommer waren die Fachwerkhäuser staubtrocken. Ein starker Wind fachte die Flammen an, Funken sprangen über die engen Straßen hinweg. Am Dienstag lagen drei Viertel der alten Stadt in Schutt und Asche.

Wind und Feuer
Starke Winde peitschen die Flammen auf und sorgen für die Ausbreitung von Bränden, wie dieses australische Buschfeuer zeigt.

Der glühend rote Nachthimmel über London war noch in 64 km Entfernung zu sehen.

Brennende Teile und Funken von Farrinors Bäckerei setzten bald die Nachbarhäuser in Brand. Fing ein Haus Feuer, brannte die ganze Straße.

Damals waren die Häuser mit einem Fachwerk erbaut.

Die Häuser standen dicht beieinander.

Auf der London Bridge standen Häuser und Läden.

Die Leute versuchten ihren wertvollsten Besitz zu retten, wie dieses frühe Tasteninstrument.

Ufermauer

Ofenöffnung
Ofensockel

2 SEPT Sonntag: Feueralarm!
Das Feuer begann um zwei Uhr in einer Bäckerei in der Pudding Lane nördlich der London Bridge. Rauch und Flammen weckten den Bäcker und seine Familie. Sie entkamen über die Dächer von Nachbarhäusern.

Neben dem Ofen trocknendes Holz

Der Backofen
Im 17. Jahrhundert befeuerten die Bäcker ihre Öfen mit Holz. Meist trockneten sie das Brennholz für den nächsten Tag über Nacht im oder neben dem warmen Ofen. Schon der kleinste Funke konnte das Holz entzünden.

Je länger das Feuer wütete, desto unverschämter wurden die Forderungen der Fährleute.

2 SEPT Sonntag: Die Flammen greifen um sich
Als die Flammen sich zum Fluss hin ausbreiteten, flüchteten die Menschen zum Wasser, wobei sie nur ihre leichteste und wertvollste Habe mitnahmen. Viele begruben Gold- und Silbersachen, um sie zu schützen. Das Feuer setzte die hölzernen Lagerhäuser am Ufer in Brand. Ein Teil der dort gelagerten Ware wie Branntwein, Lampenöl, Harz und Teer explodierte und brannte heftig.

Wie es ein Künstler sah
Dieser kolorierte Stich der brennenden St.-Pauls-Kathedrale von J.C. Stadler entstand nach einem Gemälde von Philip J. Loutherbourg von 1799.

DER GROSSE BRAND

3 SEPT — Montag: Häuser werden abgerissen
Feuerwehrleute wollten dem Brand die Nahrung nehmen, indem sie die Häuser auf seinem Weg abrissen. Doch die Bürger zerstörten nur ungern ihre Häuser, bevor diese tatsächlich brannten.

Wenn die hölzernen Kirchtürme brannten, krachten die Glocken zu Boden und Bleidächer schmolzen.

Das Feuer vernichtete 84 der 109 Kirchen der Stadt. Viele, zum Beispiel auch die St.-Pauls-Kathedrale, wurden von Sir Christopher Wren wieder aufgebaut.

Seeleute von den Werften sprengten Häuser mit Schießpulver.

Ölfässer explodierten wie Bomben.

Für den Abriss von Gebäuden benutzten Feuerwehrleute lange Stangen mit Haken, an denen sie mit Seilen und Ketten zogen.

Ziegelkamine standen einzeln da, nachdem die Häuser zerstört waren.

4 SEPT — Dienstag: Der Wind legt sich
Die Marine bekämpfte das Feuer, indem sie Häuser mit Schießpulver sprengte. So entstanden Lücken, die das Feuer nicht überbrücken konnte. Endgültig besiegt wurde es aber durch einen Wetterwechsel: Am Dienstagabend ließ der Wind nach, die Flammen erstarben.

Ausländische Brandstifter?
Gerüchten zufolge hätten feindliche Ausländer den Brand gelegt. Ein gewalttätiger Mob zog durch die Straßen und griff Ausländer und Katholiken an. Ein Franzose bekannte sich als Brandstifter und wurde dafür aufgehängt – obwohl er vermutlich geisteskrank und unschuldig war.

Ein Augenzeuge berichtete später: „Ein Schmied, dem ein Franzose begegnete, schlug diesen sofort zu Boden."

Die Menschen formierten sich zu Ketten und reichten so die Ledereimer mit Wasser weiter.

Ein Feuerwehrmann füllt seine Handspritze in einem Bottich. Diese Spritzen hatten nur geringen Druck und waren daher fast nutzlos.

Feuermarke

Pumpe auf Rädern

Feuerversicherung
Nach dem Brand gründete Dr. Nicholas Barebone (um 1640–98) die erste Feuerversicherungsgesellschaft der Welt. Für einen Jahresbeitrag genossen Hausbesitzer den Schutz einer privaten Feuerwehr und bekamen eine Entschädigung, falls ihr Haus abbrannte. Eine sogenannte Feuermarke wies geschützte Gebäude aus.

Feuerbekämpfung
Die Menschen bekämpften die Flammen mit Handspritzen, die kaum effektiver waren als Wasserpistolen; die Pumpenschläuche reichten nicht bis zu den Dächern hinauf. Ein paar Jahre nach dem Großbrand wurden längere Schläuche aus Holland eingeführt.

London 1666

am dritten Tag
am zweiten Tag
am ersten Tag vernichtet
Das Ausmaß des Feuers am Mittag.
Hier begann das Feuer.

London in Schutt und Asche
Der Brand vernichtete 165 Hektar der Stadt. Es starben zwar nur sechs Menschen, aber über 100 000 wurden obdachlos. Architekten wie Sir Christopher Wren (1632–1723) planten eine neue Stadt, aber die Regierung konnte sich nicht auf den „besten" Plan einigen. Der Wiederaufbau erfolgte unsystematisch und ziellos.

Die grossen Katastrophen

Flut am Hwangho

Als sintflutartiger Regen eine lange Dürrezeit im Sommer 1935 beendete, feierten die Bauern der Nordchinesischen Ebene. Aber der Regen brachte auch Gefahr. Er ließ den Hwangho (Gelber Fluss) anschwellen, der über den Feldern zwischen Dämmen floss. Das Flussbett des Hwangho erhöhte sich in jedem Jahr, an manchen Stellen lag es bis zu 10 Metern über den umgebenden Äckern. Mitte Juli 1935 brachen die Dämme und der Fluss überschwemmte 15 000 km², ein Gebiet halb so groß wie Belgien. Tausende ertranken, Hunderttausende starben bei der anschließenden Hungersnot. Aber das Hochwasser von 1935 war nichts Ungewöhnliches: Seit Menschengedenken tritt der Fluss in zwei von drei Jahren über die Ufer – daher nennt man ihn auch „Chinas Kummer."

Veränderlicher Wasserlauf
Der Hwangho schlängelt sich über die Nordchinesische Ebene. Nach Überschwemmungen hat er seinen Lauf oft geändert – seit 2278 v. Chr. mindestens fünfzehnmal. 1935 bedeckte das Hochwasser das schraffierte Gebiet.

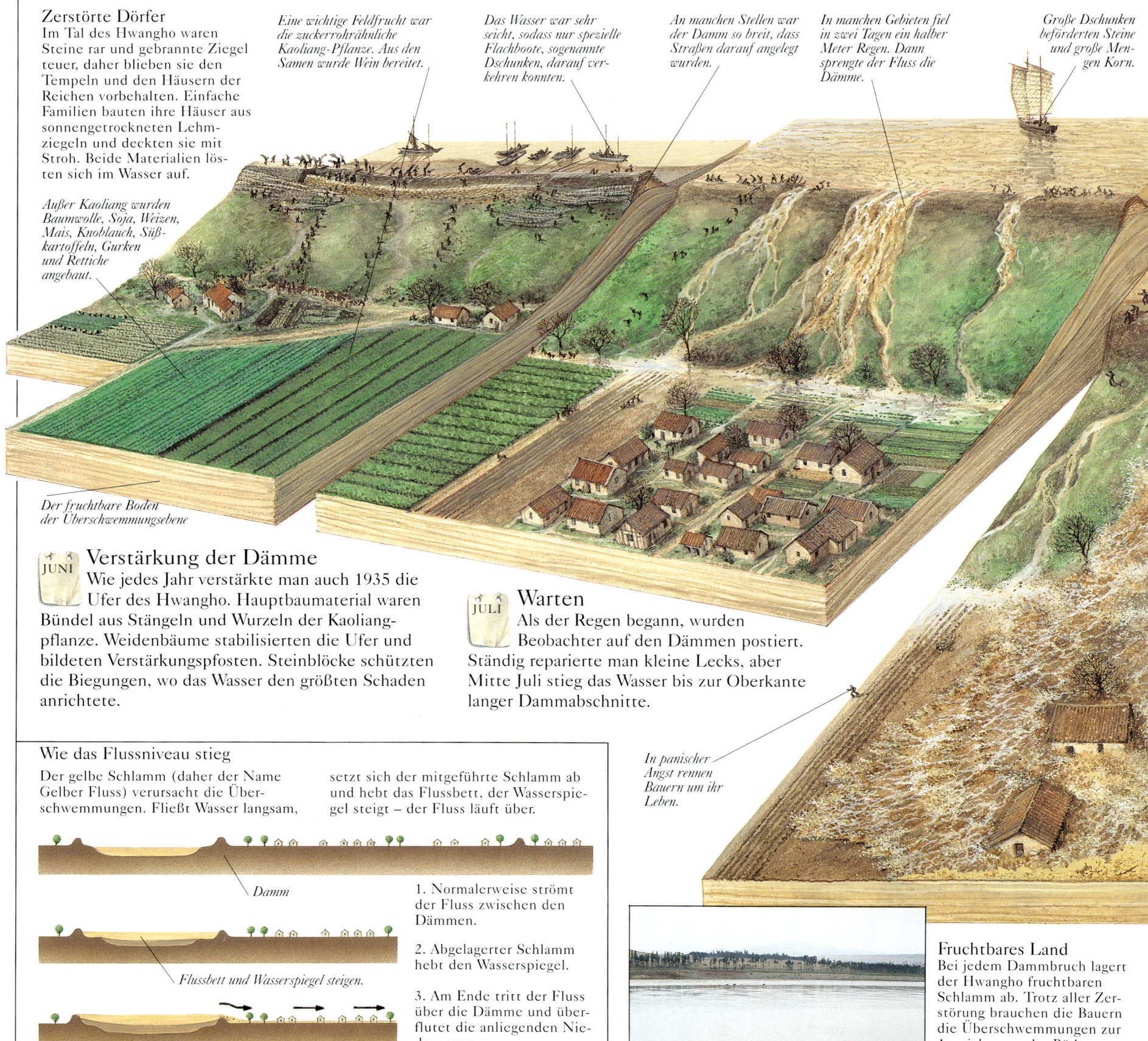

Zerstörte Dörfer
Im Tal des Hwangho waren Steine rar und gebrannte Ziegel teuer, daher blieben sie den Tempeln und den Häusern der Reichen vorbehalten. Einfache Familien bauten ihre Häuser aus sonnengetrockneten Lehmziegeln und deckten sie mit Stroh. Beide Materialien lösten sich im Wasser auf.

Außer Kaoliang wurden Baumwolle, Soja, Weizen, Mais, Knoblauch, Süßkartoffeln, Gurken und Rettiche angebaut.

Eine wichtige Feldfrucht war die zuckerrohrähnliche Kaoliang-Pflanze. Aus den Samen wurde Wein bereitet.

Das Wasser war sehr seicht, sodass nur spezielle Flachboote, sogenannte Dschunken, darauf verkehren konnten.

An manchen Stellen war der Damm so breit, dass Straßen darauf angelegt wurden.

In manchen Gebieten fiel in zwei Tagen ein halber Meter Regen. Dann sprengte der Fluss die Dämme.

Große Dschunken beförderten Steine und große Mengen Korn.

Der fruchtbare Boden der Überschwemmungsebene

In panischer Angst rennen Bauern um ihr Leben.

JUNI — Verstärkung der Dämme
Wie jedes Jahr verstärkte man auch 1935 die Ufer des Hwangho. Hauptbaumaterial waren Bündel aus Stängeln und Wurzeln der Kaoliangpflanze. Weidenbäume stabilisierten die Ufer und bildeten Verstärkungspfosten. Steinblöcke schützten die Biegungen, wo das Wasser den größten Schaden anrichtete.

JULI — Warten
Als der Regen begann, wurden Beobachter auf den Dämmen postiert. Ständig reparierte man kleine Lecks, aber Mitte Juli stieg das Wasser bis zur Oberkante langer Dammabschnitte.

Wie das Flussniveau stieg
Der gelbe Schlamm (daher der Name Gelber Fluss) verursacht die Überschwemmungen. Fließt Wasser langsam, setzt sich der mitgeführte Schlamm ab und hebt das Flussbett, der Wasserspiegel steigt – der Fluss läuft über.

Damm

Flussbett und Wasserspiegel steigen.

1. Normalerweise strömt der Fluss zwischen den Dämmen.
2. Abgelagerter Schlamm hebt den Wasserspiegel.
3. Am Ende tritt der Fluss über die Dämme und überflutet die anliegenden Niederungen.

Fruchtbares Land
Bei jedem Dammbruch lagert der Hwangho fruchtbaren Schlamm ab. Trotz aller Zerstörung brauchen die Bauern die Überschwemmungen zur Anreicherung der Böden.

FLUT AM HWANGHO

Wiederaufbau
Als das Hochwasser abfloss, kehrten die Menschen zu ihren zerstörten Höfen zurück. Nur wenige Häuser waren auf Stelzen gebaut; die meisten lagen unter einer dicken Schlammschicht. Von den Ruinen ließ sich allenfalls Baumaterial wieder verwenden; die Feldfrüchte mussten im dicken Schlamm angebaut werden.

Die Häuser waren unter einer dicken Schlammschicht begraben.

Beim Pflügen brachen die Bauern zuweilen durch die Dächer verschütteter Häuser.

Hanfseile

Die Zahl der Opfer
Die genaue Zahl der Opfer der Überschwemmungen von 1935 ist nicht bekannt, da der Hwangho durch viele dicht bevölkerte Gebiete fließt, wie dieses Bild veranschaulicht. Bei den Dammbrüchen von 1887 starben etwa 900 000 Menschen. Nur wenige ertranken, die meisten verhungerten, weil der Schlamm die Ernte vernichtet hatte.

Reparatur der Lücke
Um gebrochene Dämme zu reparieren, machten die Arbeiter zuerst Bündel aus Steinen und Kaoliangstängeln. Hanfseile hielten die 15 m langen Bündel zusammen. Dann spannten die Dammbauer ein Netz aus Hanfseilen über die Lücke und füllten es mit Erde und den Bündeln, bevor sie das Netz senkten um die Fluten zu stoppen.

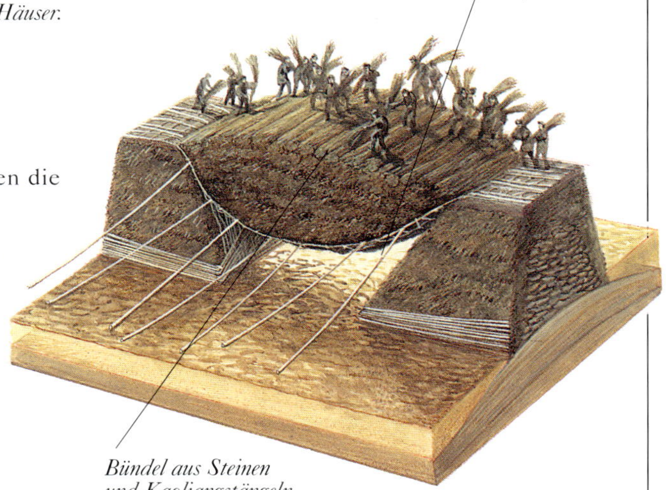

Das Hochwasser schwoll auf das sechsfache Volumen der Niagarafälle an.

Der ganze Fluss strömte durch über 1000 Brüche im Damm aus – flussabwärts war das Bett trocken.

Bündel aus Steinen und Kaoliangstängeln

Viele flüchteten in kleinen Booten, Sampans genannt, die Ruder am Heck hatten. Einige Bootsbesitzer sammelten Treibgut ein statt Menschen zu retten.

Wer sich in Sicherheit bringen konnte, harrte der Rettung unter schrecklichen Bedingungen. Viele halfen andere zu retten.

Der Damm bricht
MITTE JULI — Erreichte das Wasser den Rand, versuchten die Bauern fieberhaft den Damm zu erhöhen. Aber der Fluss unterspülte auch die Dämme unter der Oberfläche, und ohne Vorwarnung brachen sie an manchen Stellen. Beim Ausströmen erweiterte das Wasser die Lücken auf eine Breite bis zu 1,5 km.

30 000 Menschen, deren Häuser zerstört waren, konnten erst im darauf folgenden März zurückkehren.

Leichen verunreinigten das Wasser und verursachten Epidemien von Beulenpest, Cholera und Ruhr.

Überlebende und Opfer
MITTE JULI — Wer sich auf die Dächer der stabilen Gebäude retten konnte, entging dem Ertrinken. Bis Hilfe kam, waren die Menschen jedoch dem peitschenden Regen ausgesetzt; sie litten Hunger und auch Durst, denn das Flusswasser war ungenießbar, weil es Abwässer, Menschen- und Tierleichen enthielt.

Die grossen Katastrophen

BLIZZARD

"Heiter und kälter" lautete der Wetterbericht für New York am Montag, dem 12. März 1888. Kein Wunder, dass die New Yorker kaum ihren Augen trauten, als sie am Montagmorgen erwachten: Ein ungeheurer Blizzard hatte ihre Stadt lahm gelegt. Schneeverwehungen blockierten die Straßen, vereiste Telegrafenleitungen rissen. Die Lebensmittel wurden knapp; 400 Menschen erfroren. Erst eine Woche später normalisierte sich das Leben.

Gefrorene Gebäude
Eine Eiskruste ließ Gas- und Wasserleitungen an den Außenwänden der Gebäude bersten. Nach dem Blizzard verlegte man diese Lebensadern unter die Erde. Städtische Ingenieure planten auch eine unterirdische Bahn, die der Schnee nicht aufhalten konnte.

50 Zentimeter Schnee fielen, doch der Wind türmte ihn zu meterhohen Gebirgen auf.

Pferdefuhrwerke kamen noch am ehesten voran. Doch die Mähnen und Schwänze der Pferde erstarrten bald in der eisigen Kälte.

Der Wind stach in die Augen, ließ Ohren erfrieren, Hände erstarren und blockierte die Atmung.

Als ein Lokführer eine Schneewehe durchbrechen wollte, gab es vier Tote.

Die Menschen mussten gegen den Sturm anschreien.

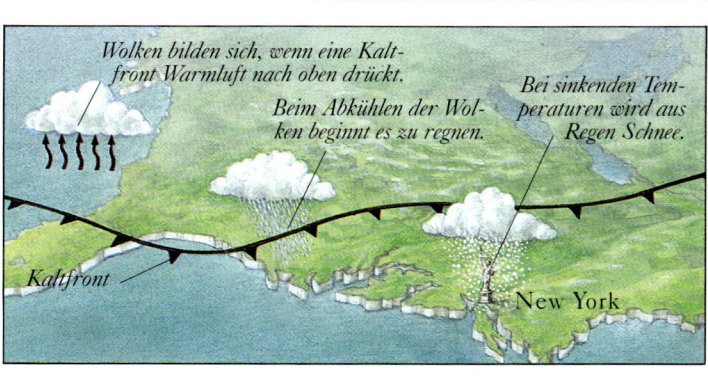

Wie ein Blizzard entsteht
Ursache des Blizzards von 1888 war eine ostwärts ziehende Kaltluftmasse. Diese Kaltfront drückte feuchtwarme Luft nach oben und führte zu Schneefall. Das folgende Tiefdrucksystem erzeugte starken Wind. Schnee und Wind bildeten den Blizzard.

Wolken bilden sich, wenn eine Kaltfront Warmluft nach oben drückt.
Beim Abkühlen der Wolken beginnt es zu regnen.
Bei sinkenden Temperaturen wird aus Regen Schnee.
Kaltfront
New York

Montag, 6.15 Uhr: Schneesturm
Am Sonntag hatte es stark geregnet. Nach Mitternacht wurde aus Regen Schnee. Heftige Winde warfen Schilder um und bereits dick vereiste Telegrafenleitungen rissen. Mühsam zerrten Pferde an Kutschen. Bahnen sprangen aus den Gleisen. Doch einige mutige New Yorker machten sich auf den Weg zur Arbeit.

Montag, 7.42 Uhr: Chaos zur Hauptverkehrszeit
Der Sturm führte zum Chaos im Bahnverkehr. Das Eis legte die Telegrafen der Streckenwärter lahm; Schnee bedeckte die Gleise. Viele Züge wurden von Schneeverwehungen lahm gelegt.

BLIZZARD

Viele Läden und Büros blieben geschlossen, weil niemand zur Arbeit kam.

Die Gleise wurden so glatt, dass die Züge nicht bremsen konnten. Frierende Fahrgäste mussten am Bahnsteig zusehen, wie ihre Züge einfach vorbeirasten.

Schnee, Schnee, Schnee
Schwere Schneestürme sind an der Nordostküste der USA üblich, aber die wenigsten sind so heftig wie der Blizzard von 1888. Der Sturm setzte am 6. März im Pazifik ein, drei Tage später erreichte er Texas und von da fegte er rasch die Ostküste hoch. New York erwischte es so schlimm, weil das Sturmzentrum innehielt, als es die Stadt erreichte. Erst am 14. März zog der Sturm langsam über den Nordatlantik ab.

Schneehöhen: 25–50 cm | 50–75 cm | 75 cm –1 m | über 1 m

Die meisten Störungen gab es in New York, aber anderswo fiel noch mehr Schnee. In Saratoga Springs waren es 1,3 Meter.

Schlitten waren die besten Transportmittel.

Schaufeln wurden Mangelware, als sich die New Yorker daran machten, die Schneemassen zu beseitigen.

Man identifizierte den Händler anhand von Briefen in seiner Tasche.

Schneeopfer
Der Hopfen- und Malzhändler George D. Baremore war ein typisches Blizzardopfer. Da die Bahnhöfe geschlossen waren, wollte er zu Fuß zur Arbeit gehen. Er brach geschwächt zusammen und starb. Der Polizist Henry Haag sah seine Hand aus einer Schneewehe ragen.

Schaufeltrupps verlangten viel Geld von Haus- und Ladenbesitzern.

Für zwei Dollar – den Preis einer Speisewagenmahlzeit – wurden frierende Fahrgäste über Leitern gerettet.

Durch die größten Schneewehen wurden Tunnel gegraben.

Montagmittag: In Zügen gefangen
Die Hochbahnen, die ihre Depots verlassen hatten, blieben stehen; 15 000 Fahrgäste saßen in ungeheizten Waggons fest. Clevere Anwohner retteten sie über Leitern – allerdings nur gegen Bezahlung. Manche Fahrgäste mussten zwei Tage ohne Essen in der Kälte ausharren.

Dienstag, 10.00 Uhr: Ausgraben
Am Dienstag fiel kein Schnee mehr. Doch noch war New York von der Außenwelt abgeschnitten – der Sturm hatte die Telegrafen- und Telefonleitungen abgerissen. Schaufeln, Brot, Milch und Kohle waren knapp. Als die Leute den Schnee wegschaufelten, entdeckten sie hart gefrorene Leichen; noch mehr kamen zum Vorschein, als Wochen später große Schneeverwehungen schmolzen.

Im Eis gefangen
Der Sturm versenkte Schiffe entlang der ganzen Ostküste der USA. Als die Kälte anhielt, überfror das Meer und die Flut trieb Eisschollen in die New York Bay. Der Fährverkehr kam zum Erliegen; die New Yorker konnten zu Fuß über den East River von Brooklyn nach Manhattan gehen.

Die grossen Katastrophen

TSUNAMI

Die Riesenwoge rollte in der Abenddämmerung des 15. Juni 1896 auf die Nordostküste Japans zu. Die Menschen, die sie kommen sahen, schrien: „Tsunami! Tsunami!" Tsunami – so nennen die Japaner die fürchterlichen Riesenwellen, die durch Meeresbeben entstehen. Die Woge dröhnte wie Kanonendonner. Als sie die Küste erreichte, türmten sich die Wassermassen zu einer 24 m hohen schwarzen Wand. Minuten später, als das Wasser zurückging, waren von belebten Fischerdörfern nur Schlamm und zersplittertes Holz geblieben.

Haushohe Wogen
Tsunamis können die größten Gebäude verschlingen, wie dieses Gemälde zeigt. Viele wirken sich glücklicherweise weniger dramatisch aus; sie heben den Meeresspiegel lediglich wie eine ungewöhnlich hohe Flut. Wo der Tsunami von 1896 in eine Bucht oder einen Meeresarm gelangte, schwemmte er die Trümmer ins Landesinnere. An offenen Küstenlinien trug er alles ins Meer hinaus.

Die Algen und Kleinstlebewesen im Meerwasser ließen den Wellenkamm blendend weiß leuchten.

10 000 Fischerboote verschwanden.

Der Tsunami donnerte in ein Gebiet von Fischerdörfern.

Die Woge spülte unzählige Menschen aufs Meer hinaus.

Auch die größten Schiffe entgingen der Woge nicht.

Von der Woge angeschwemmte Trümmer und Felsbrocken verstärkten noch deren Zerstörungskraft.

Wo die Woge zuschlug
Der Tsunami traf auf die Nordostküste von Honshu auf, der größten der vier Hauptinseln Japans. Japan liegt in einem der geologisch aktivsten Gebiete der Welt. Jeden Tag wird das Land von drei Erdbeben erschüttert; die wenigsten erzeugen allerdings so verheerende Tsunamis wie den von 1896.

Die Stärke des Tsunami — Japan, Insel Honshu, Miyako, Kamaishi, Kesennuma, Ishinomaki

🕐 **19.55 Uhr: Die Woge naht**
Am 15. Juni hatte es 13 kleinere Erdbeben gegeben. Die Menschen hatten sich nichts dabei gedacht, vielleicht weil es seit 40 Jahren keine schlimmen Tsunamis gegeben hatte. In der Ferne sah die Woge wie ein Schatten aus. Als sie auf die Küste zu donnerte, überragte der leuchtend weiße Wellenkamm die Häuser.

🕐 **20.00 Uhr: Die Woge bricht herein**
Viele, die den Tsunami kommen sahen oder hörten, versuchten sich in den oberen Stockwerken ihrer Häuser in Sicherheit zu bringen, aber die Woge zerschmetterte alle Gebäude. In vielen Dörfern entkam nur jeder Fünfte oder Zehnte – meist diejenigen, die auf Anhöhen geflohen waren. Insgesamt kamen 27 000 Menschen um; die Woge zerstörte 280 km der Küstenlinie von Honshu.

TSUNAMI

Die Ursache eines Tsunami

Schwingungen und Schockwellen in der Erdkruste erzeugen Tsunamis. Erdbeben, Erdrutsche und Vulkanausbrüche können die Woge auslösen. Auf See ist die Woge nur ganz flach. Doch im seichten Wasser in Küstennähe türmt sich die Welle zur riesigen Wasserwand auf.

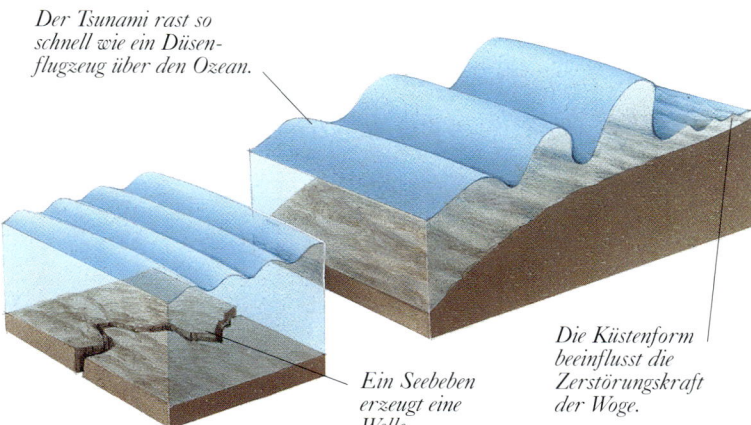

Der Tsunami rast so schnell wie ein Düsenflugzeug über den Ozean.

Ein Seebeben erzeugt eine Welle.

Die Küstenform beeinflusst die Zerstörungskraft der Woge.

Die Abfolge der Ereignisse

1. Kurz bevor der Tsunami von 1896 hereinbrach, fiel der Meeresspiegel plötzlich, wie bei starker Ebbe. An manchen Stellen ging das Wasser 550 m weit zurück.

2. Wo die Woge auf eine niedrige Küstenlinie traf, lag die Küste etwa fünf Minuten lang tief unter Wasser. Die Überschwemmung dauerte länger in Flussmündungen und langen, engen Meeresarmen.

3. Als die Woge verebbte, sog sie nicht nur die Trümmer von Häusern und Schiffen fort, sondern auch Teile des Erdbodens, sodass sich die Form der Küstenlinie veränderte.

---

9 000 Häuser wurden niedergewalzt.

Nur wenige überlebten. In einem Dorf waren es nur acht Männer, die auf einer Anhöhe das Brettspiel Go gespielt hatten.

Manch ein Totgeglaubter war lediglich von der Woge fortgespült worden – oft kilometerweit.

60 000 Menschen verloren ihr Zuhause.

300 große Schiffe schwemmte die Woge weit ins Landesinnere.

18 Dörfer wurden vollständig vernichtet; viele Menschen mussten umsiedeln.

Durch verwesende Leichen bestand akute Seuchengefahr.

Den gewaltigen Kräften der Woge waren die Menschen hilflos ausgeliefert.

Es gab nicht genug Überlebende, um die Toten schnell zu begraben.

Japanische Häuser
Traditionelle Häuser in Japan sind aus Holz und Gips. Sie sind biegsam genug um die Erschütterung durch ein Erdbeben zu absorbieren; ein Tsunami aber macht Kleinholz aus ihnen.

20.25 Uhr: Nach der Katastrophe
Ohne Nahrung, Kleidung oder Medizin konnten die Überlebenden den Verletzten kaum helfen. Die Katastrophe sprach sich nur langsam herum: Der Tsunami hatte Telegrafenleitungen zerstört; Berge isolierten das betroffene Gebiet vom übrigen Land. Bis Hilfe eintraf, waren viele, die sich hatten retten können, verhungert oder Seuchen zum Opfer gefallen.

Verwüstete Dörfer
Journalisten von Tokyoter Zeitungen fuhren mit den Hilfstrupps an den Schauplatz der Katastrophe. Ihre Bilder zeigen die Ruinen einst blühender Fischergemeinden.

DIE GROSSEN KATASTROPHEN

ERDBEBEN

EINE HALBE MILLION MENSCHEN erlebten am frühen Mittwochmorgen, dem 18. April 1906, das gleiche schreckliche Erwachen: Der Erdboden riss auf, unter brüllendem Lärm begannen Häuser zu schwanken und brachen zusammen. Ein Erdbeben verwüstete San Francisco. Die weitaus meisten Erdbeben entstehen, wenn die beweglichen Platten der Erdkruste sich verschieben. Diese plötzlichen Erschütterungen der Erdoberfläche verursachen Tsunamis, der Boden tut sich auf, Häuser gehen in Trümmer. Was danach kommt, ist möglicherweise noch schlimmer: Wenn Elektrokabel zerreißen und Gasleitungen bersten, gibt es Explosionen und Feuer. In San Francisco wüteten die Flammen drei Tage lang. Von der Stadt blieb eine Trümmerwüste.

San-Andreas-Verwerfung
Ganz in der Nähe von San Francisco reiben die Pazifische und die Nordamerikanische Platte aneinander. Diese Zone heißt San-Andreas-Verwerfung. Sie ist rund 1000 km lang und aus der Luft sehr deutlich zu erkennen.

Stadt aus Zunder
Als das Gold in Kalifornien entdeckt wurde, wuchs die Bevölkerung von San Francisco rasch an. 1846 lebten dort weniger als 500 Menschen – 1906 waren es tausendmal so viele. Viele Gebäude waren im Schnellverfahren errichtete Holzhäuser.

Das Beben ließ alle Kirchenglocken läuten.

Mittwoch, 5.00 Uhr: Die Stadt schläft noch
1906 war San Francisco eine blühende Stadt. Um 5 Uhr früh war das Geschäftsviertel noch ruhig und fast verlassen. In den Wohnvierteln brachen die Tagelöhner aus ihren armseligen Holzhütten zur Arbeit auf.

Tektonische Platten
Die Erde unter unseren Füßen scheint fest zu sein. Tatsächlich besteht die Erdkruste aber aus einzelnen Platten, die sich ständig bewegen. Auf der Karte links sind die Grenzen dieser Platten rot eingezeichnet. Die Platten schwimmen auf dem Erdmantel, einer Schicht aus heißem, teils geschmolzenem Gestein.

San-Andreas-Verwerfung

Mittwoch, 5.13 Uhr: Die Erde bebt!
Ein Überlebender schilderte, wie das Erdbeben begann: „Die ganze Straße wogte – als ob die Wellen des Ozeans auf mich zukämen." Die Erde bebte etwa drei Minuten, es folgte rasch ein schwächeres Nachbeben. Das Beben brach Straßen auf und riss Mauerwerk ein, zerstörte aber nur einige Gebäude völlig. Viele waren jedoch akut einsturzgefährdet.

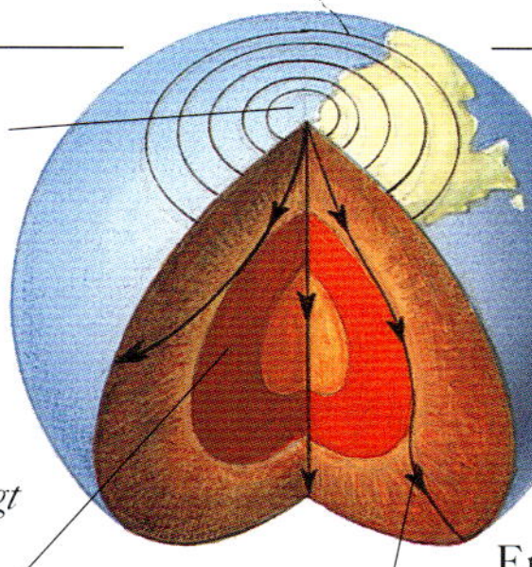

Herd und Epizentrum
Bei einem Erdbeben entladen sich Spannungen, die sich über einen längeren Zeitraum in der Gesteinskruste der Erde aufgebaut haben. Die Quelle der Beben im Erdinneren ist der Erdbebenherd. Der Punkt an der Erdoberfläche direkt über dem Herd heißt Epizentrum.

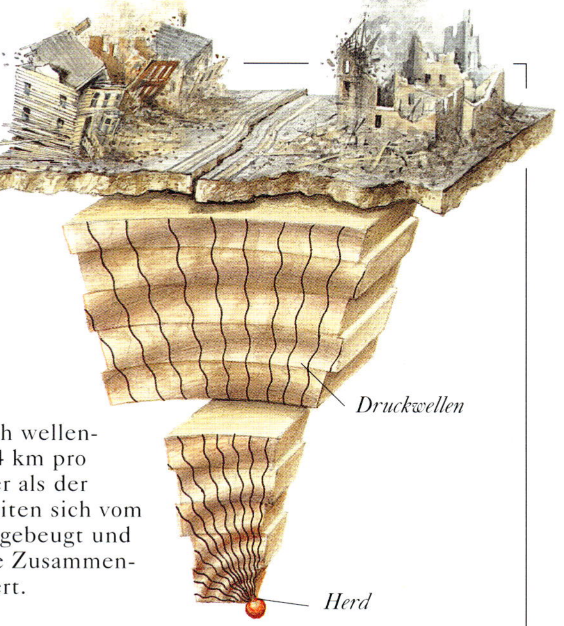

Epizentrum

Der Herd liegt meist tief im Erdinneren.

Druckwellen pflanzen sich durch die Erde fort.

Erdbebenwellen
Erdbeben pflanzen sich wellenförmig fort, mit rund 4 km pro Sekunde weit schneller als der Schall. Die Wellen breiten sich vom Herd aus und werden gebeugt und reflektiert, wo sich die Zusammensetzung der Erde ändert.

Druckwellen

Herd

Starke Winde entfachten die Flammen, die im Laufe von drei Tagen den Großteil des Zentrums vernichteten.

Wiederaufbau der Stadt
Die Tragödie von San Francisco erweckte das Mitgefühl der Welt; die Stadt wurde von humanitärer Hilfe überschüttet. Ohne Verzögerung begann der Wiederaufbau. Sondertrupps rissen gefährdete Gebäude ab und beförderten die verkohlten Trümmer ins Meer. Drei Jahre nach dem Beben standen 20 000 neue Häuser.

Soldaten dienten als Bereitschaftspolizisten. Doch einige betranken sich mit geplündertem Alkohol und schossen im Vollrausch auf Passanten.

Das Beben verbog die Gleise von San Franciscos berühmter Straßenbahn und machte 400 km Bahngleise unbrauchbar.

Samstag, 7.45 Uhr: Schutt und Asche
Bei der Bekämpfung des Feuers im Hafen musste die Wehr ihre Schläuche manchmal auf die eigenen Löschboote richten, weil die Decks durch herabfallende Glut Feuer fingen. Erst am Samstagmorgen war das Feuer unter Kontrolle. Insgesamt waren 850 Menschen umgekommen und 28 000 Gebäude zerstört oder beschädigt. Das Militär brachte 300 000 Obdachlose in Zeltstädten unter und errichtete Feldküchen. Plünderer wurden von Soldaten auf der Stelle erschossen. Doch in drei Jahren stieg eine neue Stadt aus Schutt und Asche.

Mittwoch, 12.45 Uhr: Feuersbrunst
Gas strömte aus geborstenen Rohren. Eine Viertelstunde nach dem Beben brachen fast 50 Feuer aus und erzeugten einen mächtigen Brand. Das Erdbeben zerbrach Wasserleitungen und setzte das Feueralarmsystem außer Gefecht. Verzweifelt pumpten Feuerwehrmänner sogar Abwasser auf die brennenden Gebäude. Später versuchten Soldaten Feuerschneisen anzulegen, indem sie ganze Straßenzüge sprengten.

Stadt in Flammen
Schlechte Planung und schlechter Feuerschutz führten zur raschen Ausbreitung der Flammen. In San Francisco gab es viele Zisternen (Wasserspeicher) unter den Straßen. Doch die waren leer, weil die Stadt ihre Wartung nicht bezahlte. Die Feuerwehrmänner wussten nicht, wie man Gebäude richtig sprengt. Sie wollten eine Bresche erzeugen um das Feuer zu stoppen. Doch die Explosionen lieferten oft nur noch mehr Brennholz für die Flammen.

Die grossen Katastrophen

TITANIC

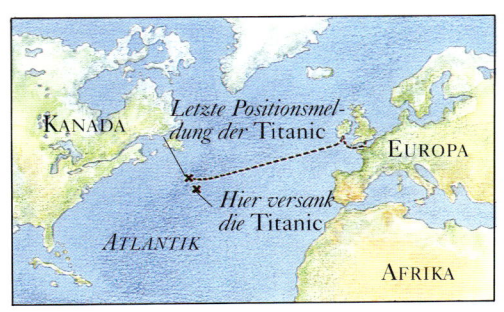

EIN RIESIGER SCHWIMMENDER PALAST glitt durch den eisigen Atlantik. Es war am 14. April 1912; die Titanic, damals das größte Passagierschiff der Welt, befand sich auf ihrer Jungfernfahrt. In den Luxuskabinen des Oberdecks schlummerten 300 betuchte Menschen. Dreimal so viel gewöhnliche Sterbliche schliefen in den Kojen der 2. und 3. Klasse. Sie alle hielten die Titanic für unsinkbar. Doch kurz nach Mitternacht lief das Schiff auf einen Eisberg und ging unter. Über 1 500 Menschen kamen um.

Den Eisbergen ausweichen
Der Kapitän kannte die Gefahr. Er steuerte auf Südkurs und hoffte in wärmeres Wasser zu gelangen.

23.30 Uhr: Gefahr voraus
Die Titanic war seit drei Tagen unterwegs, ehe sie in eisige Gewässer geriet. Um 23.40 Uhr machte der Ausguck einen riesigen Eisberg aus. Er alarmierte umgehend den Ersten Offizier, der das Kommando innehatte: „Eisberg direkt voraus!"

23.40 Uhr: Tödliche Begegnung
Der Eisberg schrammte an der Seite der Titanic entlang und beschädigte die Stahlplatten des Schiffsrumpfs. Wasser drang ein. Der Erste Offizier ließ die Schotten schließen, aber der Riss war zu lang – und die Titanic verloren.

Der Vierte Offizier feuerte alle fünf Minuten Notraketen ab.

Auf der Brücke hatte der Erste Offizier das Kommando.

Der Ausguck, der den Eisberg erspähte, saß im Mastkorb.

Erster-Klasse-Kabinen

Viele Kabinen der dritten Klasse lagen im Bug, der zuerst versank.

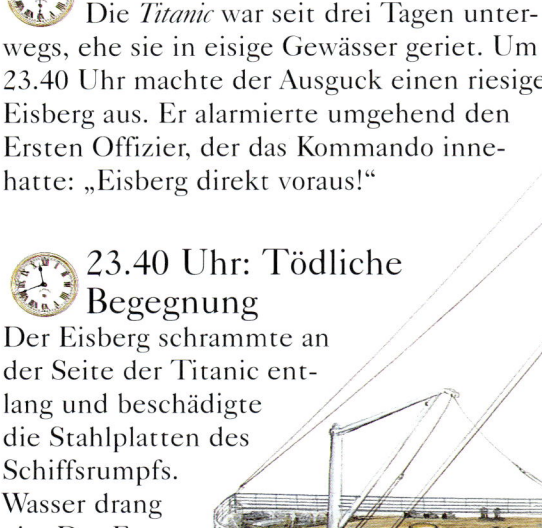

Gefrorene Inseln
Eisberge sind schwimmende Inseln aus Eis – die größten sind so groß wie Belgien. Einige türmten sich Hunderte von Metern über dem Meeresspiegel auf. Doch nur etwa ein Achtel eines Eisbergs ragt aus dem Wasser.

Die „unsinkbare" Titanic
Stahlwände unterteilten den Rumpf der Titanic in 16 Schotten. Durch Zwischentüren wurde jedes Schott versiegelt; das Schiff sollte auch mit vier überfluteten Schotten weiterschwimmen. Darum hielt man es für unsinkbar.

Viele Rettungsboote waren nicht voll besetzt.

Der Eisberg schlitzte sechs Schotten der Titanic (blau) auf.

Die grauen Partien entsprechen den im Hauptbild gezeigten Abschnitten.

15. April, 0.45 Uhr: In die Rettungsboote
Um Mitternacht machte die Mannschaft die Rettungsboote klar, und um 0.45 Uhr legte das erste Boot ab. Viele konnten nicht glauben, dass das Schiff sank, und wollten die Rettungsboote nicht besteigen.

TITANIC

Ablauf des Untergangs

Vor Dr. Robert Ballards Expedition, die das Wrack 1985 fand, war nicht restlos geklärt, ob das Schiff intakt geblieben war. Doch der Rumpf ist in zwei Teile zerbrochen – offenbar vor dem Versinken. Hier die Abfolge, wie dies geschah:

23.40–23.50 Uhr
Der Eisberg schrammt am Schiff entlang, Wasser dringt ein. Nach 10 Minuten sind sechs Schotten überflutet.

0.30–2.05 Uhr
Der Bug versinkt im Wasser, das Deck neigt sich. Um 2.05 Uhr liegt das Vorschiff unter Wasser.

2.17 Uhr
Der größte Teil des Rumpfs taucht unter Wasser. Bewegliche Objekte stürzen zum stark geneigten Bug hin.

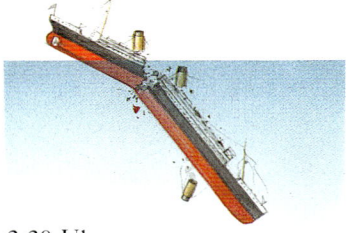

2.20 Uhr
Das Schiff zerbricht. Die Bughälfte versinkt, rasch gefolgt vom Heck.

Bilanz des Schreckens

Lange kursierten Gerüchte, die Passagiere der ersten Klasse hätten sich zu den Booten vorgedrängt. Doch möglicherweise haben viele der weniger Wohlhabenden ihr Gepäck mitnehmen wollen und so ihre Rettung verzögert.

Erste Klasse	Zweite Klasse	Dritte Klasse	Mannschaft
130 tot	166 tot	536 tot	685 tot
199 gerettet	119 gerettet	174 gerettet	214 gerettet

Passagiere klammerten sich ans Heck, als es hochkant versank.

Der Schiffsbäcker hatte Whisky getrunken. Der Alkohol im Blut hielt ihn zwei Stunden im eisigen Wasser am Leben; dann wurde er gerettet.

Blick von der Freitreppe

Der Erste-Klasse-Bereich hatte eine luxuriöse Freitreppe, die von einer Glaskuppel bedeckt wurde. Als das Schiff sank, sahen Passagiere, die von ihren Kabinen zum Bootsdeck strebten, wie das Wasser den Rumpf fünf Stockwerke tiefer füllte.

Glaskuppel

Freitreppe

Die Beleuchtung blieb fast bis zur letzten Minute an; dann fiel der Strom schließlich aus.

Das Heck kreiselte im Wasser, bevor es versank.

Viele Passagiere verloren den Halt am abschüssigen Deck und fielen ins Wasser.

Der Dampfer war wie ein Grandhotel ausgestattet.

Im Speisesaal deckten Stewards weiter die Frühstückstische.

Dritter-Klasse- und Mannschaftskabinen

Manche versuchten sich durch einen Sprung zu retten.

2.10 Uhr: Hoffnungslos

Viele Passagiere gerieten in Panik, denn die *Titanic* hatte nicht genug Rettungsboote an Bord. Eine Tatsache, die durchaus den Vorschriften entsprach! Gegen 2.20 Uhr zerbrach das Schiff und sank.

4.10 Uhr: Die Überlebenden

Die Überlebenden in den Rettungsbooten wurden vom Cunard-Dampfer *Carpathia* aufgenommen.

Schlagzeilen

Der Untergang der *Titanic* schockierte die Welt. Seither müssen Schiffe Rettungsboote für alle Passagiere an Bord haben. Außerdem wurde die „International Ice Patrol" gegründet, um Schiffe vor Eisbergen zu warnen.

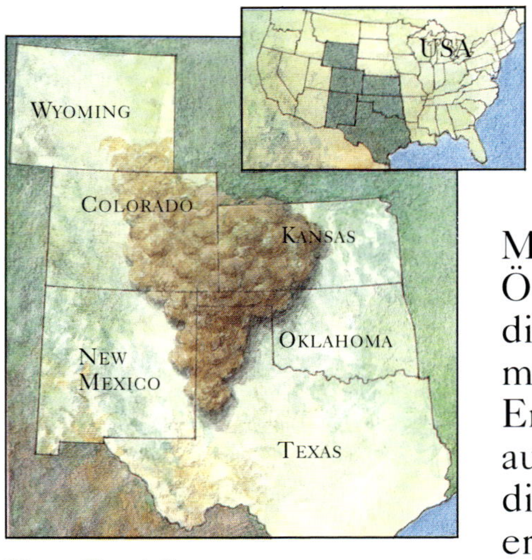

DIE GROSSEN KATASTROPHEN

GROSSE DÜRRE

LAWRENCE SVOBIDA BETRACHTETE SEINE FARM in Kansas/USA. Vor fünf Jahren noch hatte hier ein Meer aus goldenem Weizen gewogt – jetzt breitete sich Ödland aus bis zum Horizont. Dürre und Raubbau hatten die fruchtbare Erde in Staub verwandelt. Nichts wuchs mehr hier. Der Wind trug den feinen Staub in alle Ritzen. Er verstopfte Traktormotoren, hielt Uhren an, legte sich auf die Lunge. Wie Tausende andere gab Lawrence Svobida die Farm 1939 auf. In acht Jahren hatte es nur eine Weizenernte gegeben. „Dust Bowl" wurde dieses dürre Land später genannt – die Staubschüssel.

Dust-Bowl-Staaten
Die Dürren der dreißiger Jahre trafen die gesamte Region der Great Plains der USA.

Sturmwolken
Von weitem sahen die Staubstürme wie tief hängende, schwarze Wolken aus. Wo der Sturm losbrach, verschluckte der Staub alles.

Windradpumpen holten Wasser aus tiefen Brunnen, damit die Rinder nicht am Fluss trinken mussten.

Große Felder
Farmer wie Svobida brauchten Traktoren und Mähdrescher für ihre riesigen Felder. Eine normale Farm hatte 325 Hektar – die Fläche von rund 450 Fußballfeldern.

1931 – Die programmierte Katastrophe
Ursprünglich waren die Great Plains ein reines Grasland. Es fällt normalerweise sehr wenig Regen, aber um 1870 begannen Farmer nach einigen ungewöhnlich feuchten Jahren Vieh zu züchten. Bald gab es wesentlich mehr Vieh, als das Land ernähren konnte. Wo zehn Rinder hätten weiden können, grasten 17. Auf diese Weise wurde der Boden zerstört. Der intensive Ackerbau tat ein Übriges. Zwischen 1900 und 1910 versechsfachte sich der Weizenanbau. Das Vieh und der Pflug beseitigten den ursprünglichen Pflanzenbewuchs, der den Boden erhielt.

Tiere ersticken
Wenn die schwarzen Blizzards nahten, mussten Farmarbeiter die Tiere in Sicherheit bringen. Im Freien gelassen, wurden sie krank und verendeten. Der Staub tötete auch Wildtiere. Er begrub Kaninchen; kleine Vögel konnten im Staubwind nicht fliegen und fielen erschöpft zu Boden.

1932 – Die Dürre beginnt
Nach vier guten Erntejahren setzte 1932 die Dürre ein. Februarstürme knickten die jungen Weizentriebe und hoben den trockenen Boden ab. Im Osten der Great Plains reichte die fruchtbare Bodenschicht 60 Zentimeter tief: Weiter westlich waren es weniger als 20 Zentimeter.

GROSSE DÜRRE

Wie entstand der Staub?

Viele der am schlimmsten betroffenen Farmer hatten ihr Land überweidet, bis aus Weide fast Wüste wurde. Der Staat hatte zudem den Weizenanbau gefördert, der den Boden ebenfalls stark auslaugte. Das Pflügen lockerte und pulverisierte den Boden, der Wind trug ihn davon.

1. Nur der Mutterboden – die dünne Oberflächenschicht – war fruchtbar genug für den Ackerbau.

2. Die Überweidung und das Abbrennen der Stoppeln vernichtete die Pflanzen, die den Mutterboden zusammenhielten.

3. Starke Winde verwehten den trockenen, gelockerten Mutterboden – in der verbliebenen Erde wuchs nichts.

Wenn es stürmte, wurde es so dunkel, dass in den Häusern den ganzen Tag das Licht brannte.

Starke Winde trieben den wertvollen Boden in ganzen Wolken bis zur Ostküste. Staub fiel sogar noch auf Schiffe, die 480 km vor der Küste lagen.

In vielen Gegenden hatte der Boden eine ganz bestimmte Farbe – rot, schwarz oder gelb. Deshalb war gut zu erkennen, woher eine Staubwolke gekommen war.

Der Staub türmte sich an Häusern wie Schneewehen auf; die Farmer mussten sich freischaufeln.

Leere Gehöfte
Wenn Farmer ihre Holzhütten verließen und wegzogen, übernahmen oft Nachbarn das Land.

Viele tausend Rinder erstickten. Noch mehr starben, weil sie mit den letzten Resten Gras auch Staub fraßen.

Einst wohlhabende Farmer mussten ihre Güter verlassen und als Tagelöhner arbeiten.

Der Staub ruinierte Traktoren.

Die Familien packten ihre ganze Habe auf Handkarren.

Die Kalifornier nannten die Auswanderer „Okies", weil viele aus dem Staat Oklahoma kamen.

1936 Killerstaub verschlingt die Prärien

Um den Staub abzuhalten hängten Farmer nasse Tücher vor Türen und Fenster, doch wenn es stürmte, geriet der Staub sogar bis ins Essen. Lungenkrankheiten nahmen dramatisch zu. Zum gesundheitlichen kam für viele Familien der finanzielle Ruin. Da die meisten Farmer ihre Kredite nicht mehr zurückzahlen konnten, brachen auch viele Banken zusammen. 1936 war klar, dass eine Umweltkatastrophe die Region ereilt hatte.

1937 Das Land wird verlassen

Schon seit 1933 unterstützte die US-Regierung eine Million Farmerfamilien. Man beriet sie auch, wie die Bodenerosion zu stoppen wäre. Aber für viele reichte die Hilfe nicht aus. Eine halbe Million Menschen verließen ihr Land und gingen nach Kalifornien. Die Zurückbleibenden kauften Land zu Tiefstpreisen und pflanzten Bäume als Windschutz an. Nach dem Ende der Dürre 1938 erzielten sie Rekordernten.

Farmer ohne Hoffnung
Um Hilfe von der US-Regierung für die Dust-Bowl-Farmer zu bekommen, wurden Fotos gemacht, die ihre erbärmlichen Lebensbedingungen zeigten.

Die grossen Katastrophen

HINDENBURG

Der Wochenschaufilm über die Hindenburg-Katastrophe am Marinestützpunkt Lakehurst, New Jersey/USA, ging um die Welt.

Die „Hindenburg" war mit 247 m Länge und 41 m Durchmesser das größte Verkehrsluftschiff. Sie wurde von vier Dieselmotoren angetrieben und von Wasserstoffgas getragen. Wasserstoff ist zwar sehr viel leichter als Luft – aber hochexplosiv. Am 6. Mai 1937, im Landeanflug nach einer Atlantiküberquerung, explodierten die Gaszellen. Binnen 30 Sekunden war der gigantische Zeppelin ein loderndes Wrack.

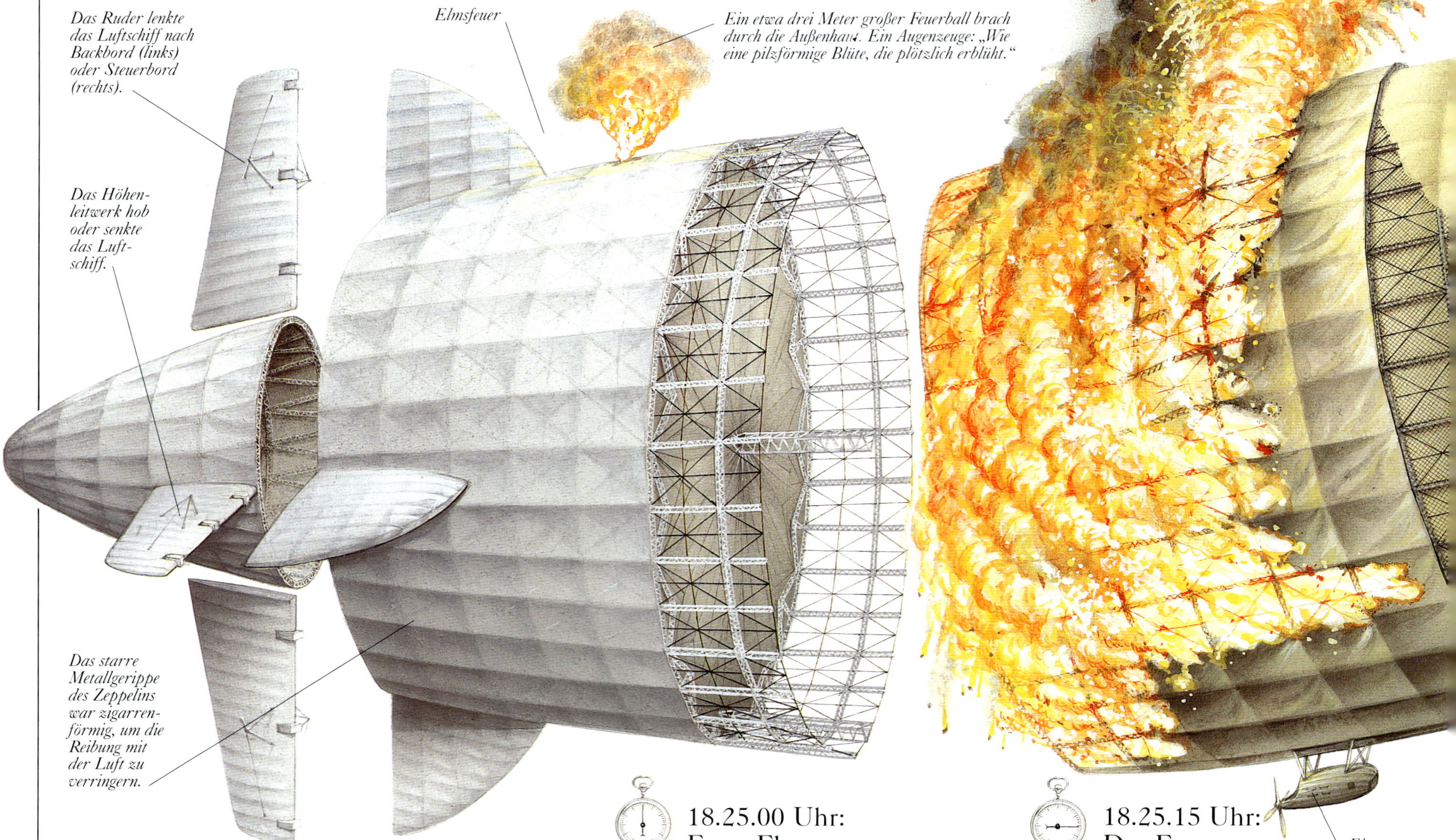

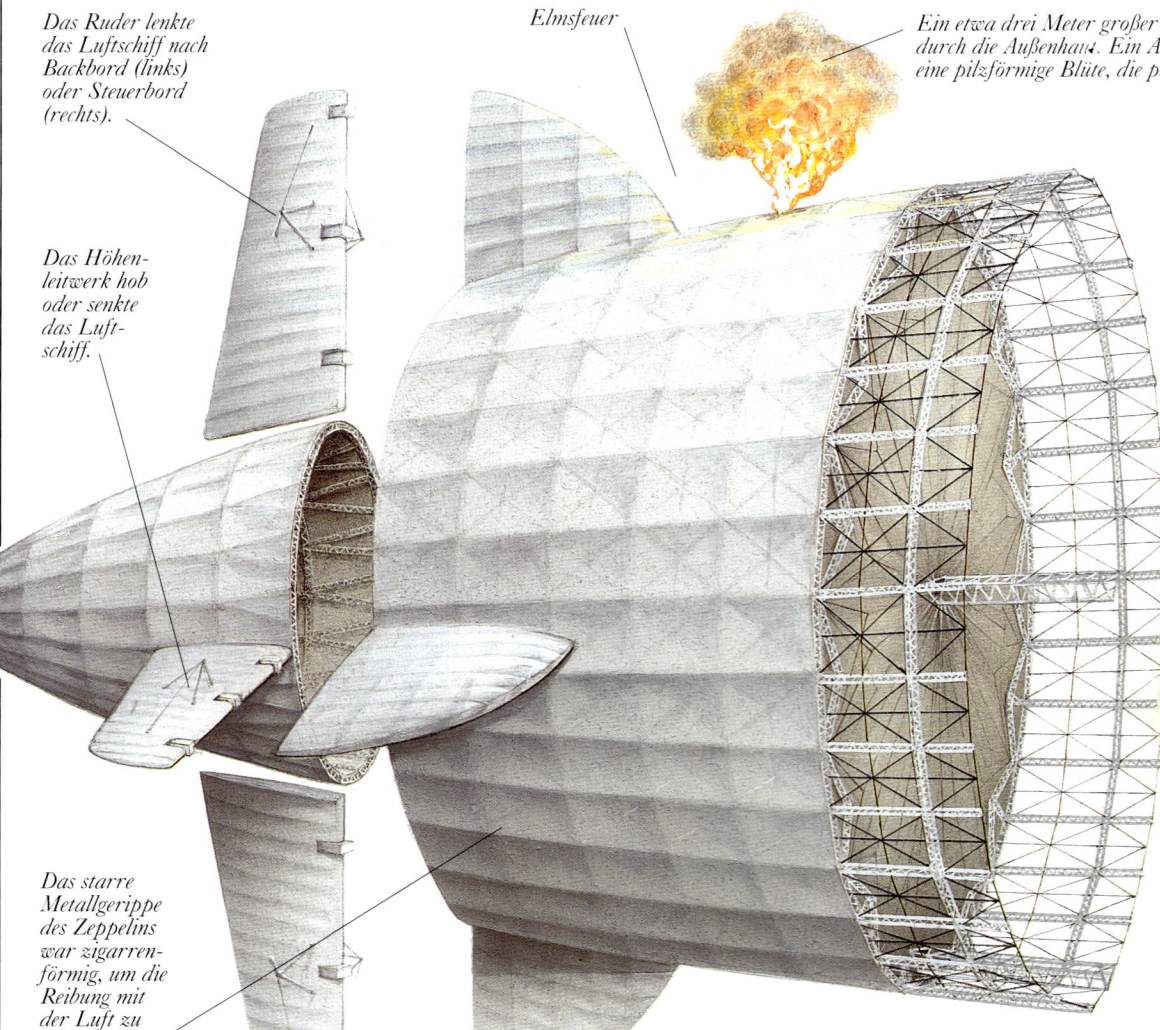

Das Ruder lenkte das Luftschiff nach Backbord (links) oder Steuerbord (rechts).

Das Höhenleitwerk hob oder senkte das Luftschiff.

Elmsfeuer

Ein etwa drei Meter großer Feuerball brach durch die Außenhaut. Ein Augenzeuge: „Wie eine pilzförmige Blüte, die plötzlich erblüht."

Das starre Metallgerippe des Zeppelins war zigarrenförmig, um die Reibung mit der Luft zu verringern.

Einer von vier Dieselmotoren, die das Luftschiff antrieben

Tod eines Riesen

1. Die Außenhaut der *Hindenburg* muss einen Riss gehabt haben, aus dem das Gas austrat.

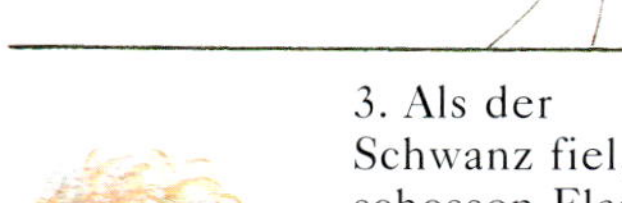

2. Das Luftschiff wurde schwanzlastig.

3. Als der Schwanz fiel, schossen Flammen zur Nase hoch.

4. Alle 16 Gaszellen waren explodiert, als der Zeppelin aufschlug.

18.25.00 Uhr: Erste Flammen

Kurz vor Ausbruch des Feuers verlor der Schwanz der *Hindenburg* an Auftrieb; was ebenso wie das Flattern der Außenhaut auf ein Gasleck hindeutete. Das Schiff ließ sich durch Ballastabwerfen nicht ausbalancieren, also versuchte die Crew die Nase herunterzudrücken. Um 18.25 brach Feuer in der fünften Zelle aus.

Unterbringung der Passagiere

Der Flug war teuer – so viel wie zwei Autos –, daher erwarteten die Passagiere einigen Luxus. Die Gemeinschafts- und Privaträume befanden sich, auf zwei Decks verteilt, im Bauch des Zeppelins.

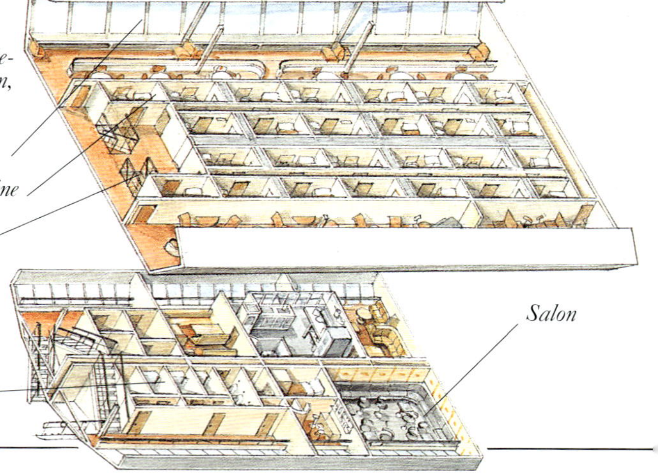

Die Bäder hatten Duschen, aber der Wasserstrahl war schwach und der Verbrauch begrenzt.

18.25.15 Uhr: Das Feuer greift um sich

Als das Feuer die anderen Zellen erfasste, erschütterten die Gasexplosionen das Gerippe des Luftschiffs. Passagiere und Mannschaft sahen, wie die Flammen über die Außenhaut leckten. Einige sprangen um ihr Leben.

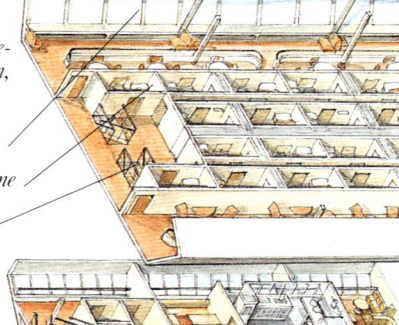

Die Fenster ließen sich öffnen, sogar noch in 1000 Meter Höhe.

Passagierkabine

Treppe

Salon

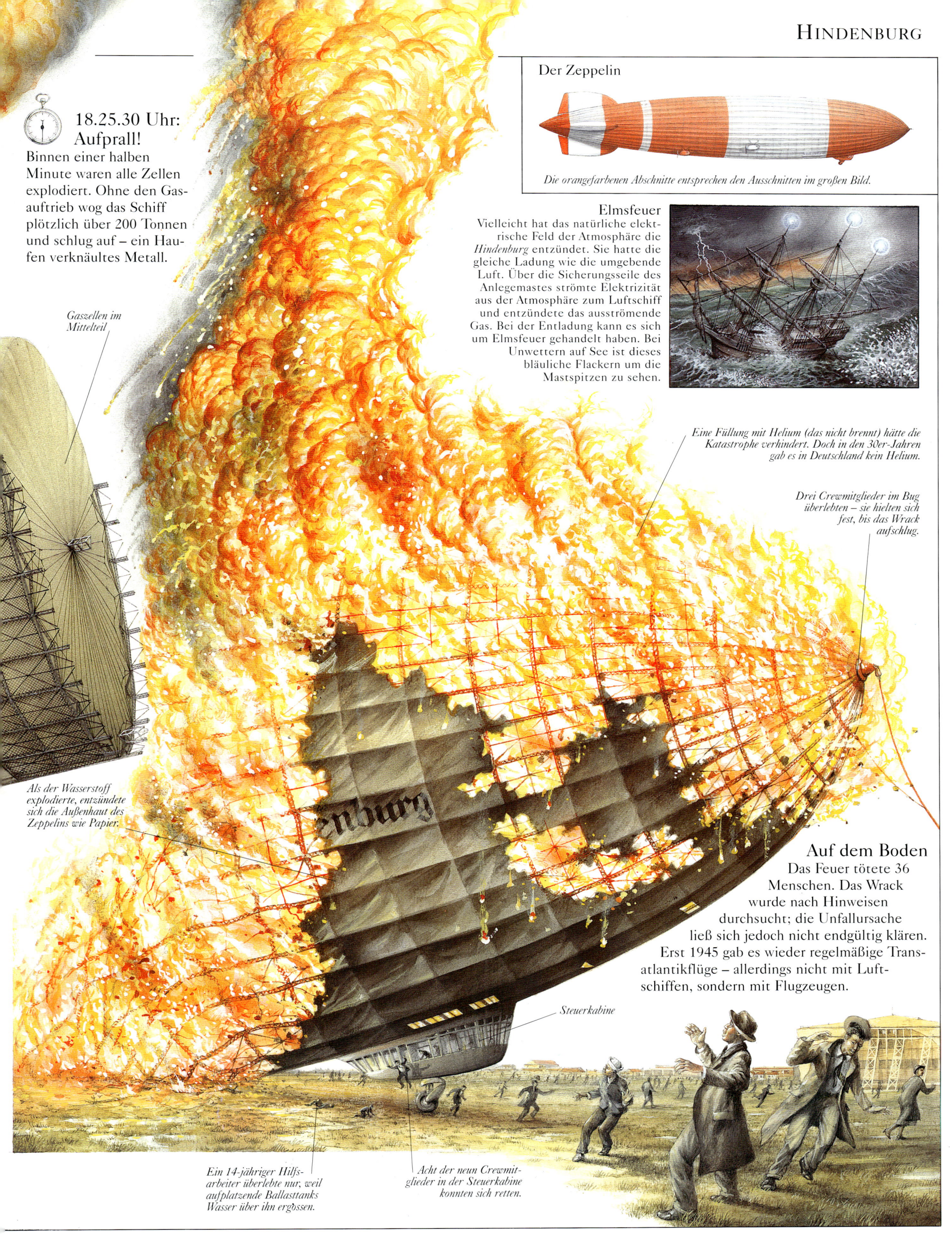

DIE GROSSEN KATASTROPHEN

LAWINE

Andermatt und die Alpen
Die Alpen sind der größte Gebirgszug Europas. Andermatt liegt am St.-Gotthard-Pass, der Italien und die Schweiz verbindet.

DIE GANZE NACHT hatte es geschneit und es hörte auch am nächsten Tag nicht auf. Am 20. Januar 1951, kurz vor 14 Uhr, verschlang eine Lawine das Ostende von Andermatt in der Schweiz. Als es weiterschneite, wurden die Verwehungen auf den Bergen immer tiefer – dem Ort drohte eine weitere Lawine, die vernichtender wäre als die erste. Kontrollierte Explosionen konnten dies verhindern, also holten Lawinenexperten einen Minenwerfer: ein Rohr, das eine kleine Bombe hoch in die Luft schleudert. Sie zielten auf den Schnee und feuerten. Nun donnerten zwei Lawinen den Berg herunter und zerstörten ein Haus. Und am frühen Abend ging eine weitere Lawine nieder. Bei Anbruch der Nacht hatte der Schnee zehn Menschen in Andermatt getötet.

Lawinenarten

1. Schneebretter gehen mit einem lauten Knall in großen Blöcken ab. Sie werden oft von Skifahrern ausgelöst.

2. Staublawinen entstehen nach Neuschneefall. Die aufwirbelnde Schneemasse erzeugt heftige Winde und eine vernichtende Druckwelle.

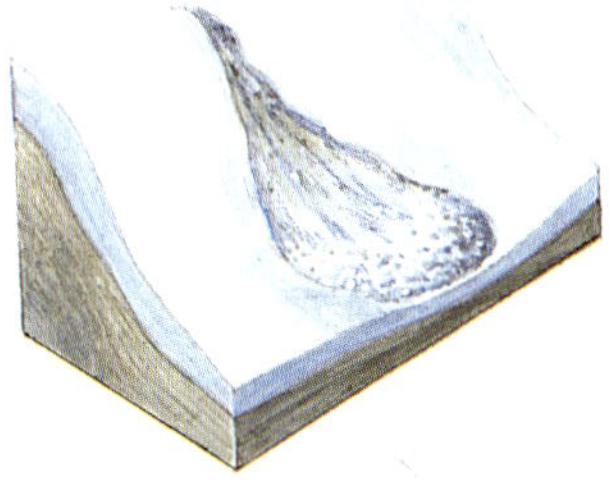

3. Grundlawinen drohen meist im Frühjahr. Der mit Wasser gesättigte Schnee rutscht bergab und reißt den Untergrund mit.

4. Trockenlawinen entstehen oft nach starkem Schneefall. Sie gleiten über den Boden und halten gewöhnlich rasch an, können aber zu gefährlicheren Staublawinen werden.

 **16.15 Uhr: Abschuss**
Das Minenwerferteam wollte eine ungefährliche, kontrollierte Lawine auslösen und feuerte eine Granate in den Schnee hoch oben auf dem Berg.

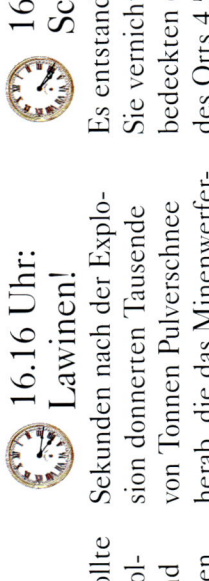 **16.16 Uhr: Lawinen!**
Sekunden nach der Explosion donnerten Tausende von Tonnen Pulverschnee herab, die das Minenwerferteam hätten begraben können.

 **16.20 Uhr: Schneechaos**
Es entstanden zwei Lawinen. Sie vernichteten ein Haus und bedeckten die Hauptstraße des Orts 4,5 Meter hoch. Zum Glück kam niemand um.

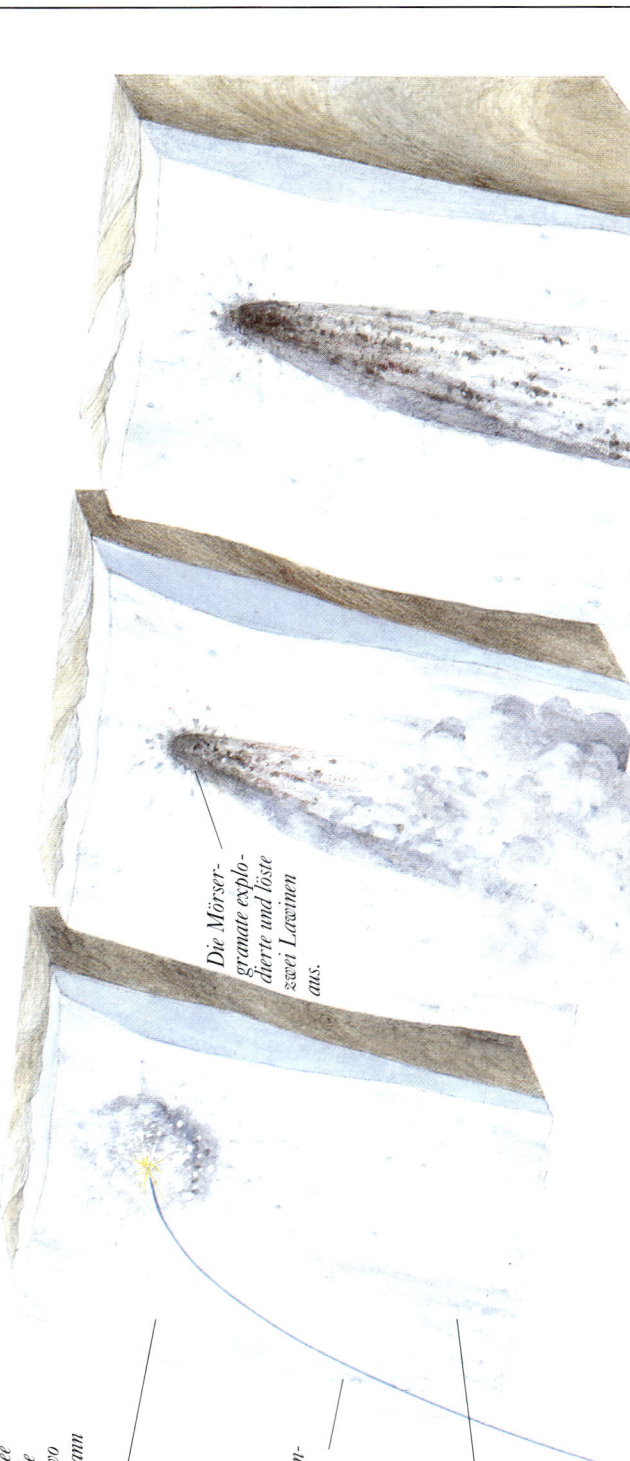

Die Mörsergranate explodierte und löste zwei Lawinen aus.

Die Alpenwinde auf den Bergen über Andermatt verfrachten den Schnee immer an die gleichen Stellen. Die Bewohner wissen zwar oft, von wo eine Lawine droht, aber nicht, wann sie abgehen wird.

Jedes Jahr wieder bedroht der sich verdichtende Schnee auf den Bergen die Dörfer im Tal. 1951 schneite es besonders heftig. Das Lawinenverhalten ließ sich schwer vorhersagen.

Wie eine Lawine entsteht
Wird die Schneedecke aufgrund des Wetters instabil, löst die geringste Bewegung eine Lawine aus – es genügt auch der Klang von Kirchenglocken.

Skifahrt in den Tod
Bäume, die Lawinen aufhalten oder verlangsamen könnten, werden für den Bau von Ski-Abfahrten und Liftrassen gefällt. Skifahrer treten den Schnee los, wenn sie instabile Hänge überqueren. Auch der schnellste Skifahrer kann einer Lawine nicht entkommen.

Die grossen Katastrophen

Hurrikan

Ihr könnt euch nicht rühren. Ihr könnt nicht sehen. Ihr könnt nicht sprechen. In einem Hurrikan könnt ihr euch nur irgendwo festklammern und beten, dass euch Sturm und Regen nicht wegreißen. Zu Weihnachten 1974 fiel einer dieser tropischen Wirbelstürme über Darwin her, die Hauptstadt des Nordterritoriums von Australien. Der Hurrikan „Tracy" bildete sich über dem Ozean und nahm an Stärke zu, als er sich der Küste näherte. In Darwin harrten die Menschen sechs Stunden in Schutzräumen aus – als sie herauskamen, war ihre Stadt verwüstet.

Zerdrückte Häuser
„Stellen Sie sich vor, Sie zertreten eine Zündholzschachtel." So beschrieb ein Augenzeuge den Schaden, den der Hurrikan Tracy an den leicht gebauten Häusern von Darwin angerichtet hatte. Heute sind sie durch sturmsichere Bauten ersetzt.

Die Menschen in Darwin freuten sich auf Weihnachten, ohne zu ahnen, was ihnen bevorstand.

21.30 Uhr: Der Hurrikan kommt!
Hurrikanwarnungen alarmierten die Bewohner von Darwin an Heiligabend. Viele Menschen ignorierten sie, da solche Wirbelstürme die australische Nordküste oft bedrohen und es schon häufig Fehlalarm gegeben hatte. Man bereitete sich in aller Ruhe auf das Fest vor.

Mit mehr als 100 Stundenkilometern umwirbeln die Winde das „Auge". Einzelne Böen erreichen bis zu 360 Stundenkilometer.

Wie groß war er?
Tropische Wirbelstürme sehen aus wie riesige, dünne Scheiben – sie können sich über Breiten von 300 bis 3000 Kilometern erstrecken. Der Wind wirbelt um das „Auge" herum, eine windschwache, fast wolken- und regenfreie Zone.

Viele Menschen brachten sich in fensterlosen Badezimmern vor herumfliegendem Glas in Sicherheit.

24 Uhr: Tracy ist da
Um Mitternacht erreichte der Hurrikan die Stadt Darwin. Er zerfetzte die Leichtbauhäuser, riss Dächer ab. Der Sturm hob Autos wie Spielzeug hoch und warf einige in Swimmingpools. Stromleitungen rissen. Gegen vier Uhr früh flaute der Wind ab.

Während der zweiten Sturm-Phase wurden die Menschen in die entgegengesetzte Richtung geweht.

4 Uhr: Das Auge
Viele dachten, der Sturm sei vorbei. Es war aber nur das „Auge" des Orkans – sein ruhiges Zentrum –, das vorüberzog. Dann setzte der Sturm erneut ein, so heftig wie zuvor. Wer es gewagt hatte, die Schutzräume zu verlassen, wurde vom Sturm überrascht.

HURRIKAN

Tracy im Anzug
Tropische Wirbelstürme – Hurrikan oder Taifun genannt – entwickeln sich, wenn über dem Ozean warme Luft aufsteigt. Die Luft kühlt ab und der in ihr enthaltene Wasserdampf fällt als Regen. Kommen Seitenwinde hinzu, setzt sich der Kreisel in Bewegung: Ein Sturm entsteht.

21. Dezember
Ein Wirbelsturm bildet sich über der Arafura-See, wie Satellitenfotos zeigen.

22. Dezember
Tracy nähert sich Darwin. Man hoffte, dass der Sturm die Stadt umgeht.

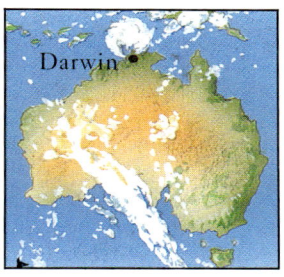
25. Dezember
Tracy umschließt die Nordspitze Australiens, das Auge über Darwin.

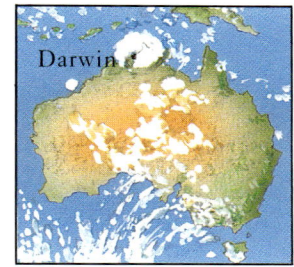
26. Dezember
Der Sturm lässt nach, als er nach Osten über den Golf von Carpentaria zieht.

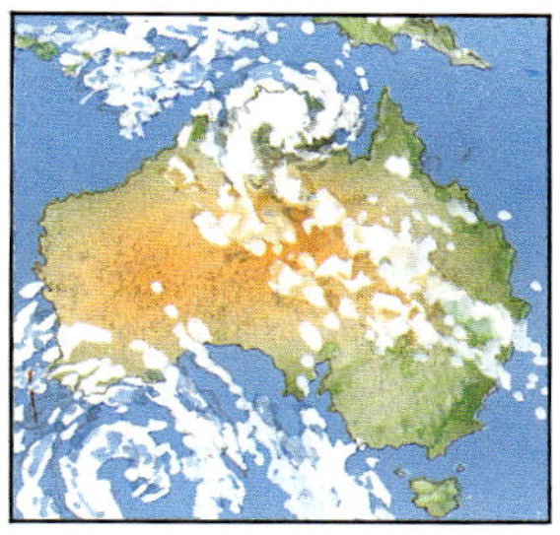

Verwüstung am Flughafen
Am Darwin Airport warf der Hurrikan kleine Flugzeuge durcheinander, beschädigte größere und deckte die Dächer von Hangars und vom Terminal ab.

Die fürchterlichen Winde rissen Hangardächer herunter.

Blick von oben
Ein Luftbild von Darwin zeigt das Ausmaß der Verwüstung. Der Sturm entlaubte sogar Bäume.

Menschen verließen ihre Verstecke.

Der Sturm verstreute Christbäume und ungeöffnete Geschenke.

Vier Tage nach dem Hurrikan räumten Bulldozer die Straßen.

Danny McIver (25) wankte aus den Trümmern, seine Katze und das Waschbecken umklammernd.

6 Uhr: Eine verwüstete Stadt
Kurz nach Morgengrauen krochen die Menschen aus den Trümmern ihrer Häuser. Tracy hatte 90 Prozent der Häuser zerstört und fast 50 Menschen getötet; die meisten waren erstickt. Die 45 000 Einwohner von Darwin konnten von Glück reden – drei Jahre zuvor waren bei einem Taifun in Bangladesh 300 000 Menschen umgekommen.

Mittag: Aufräumarbeiten
Nicht nur die Gebäude, auch Strom- und Wasserleitungen waren zerstört. Erst nach drei Tagen gab es wieder fließendes Wasser. Unter diesen Bedingungen bestand Seuchengefahr, deshalb wurden sofort Reihenimpfungen eingeleitet. Flugzeuge brachten Hilfsgüter in die Stadt und evakuierten viele Einwohner. Einige von ihnen konnten erst nach Jahren zurückkehren.

Die grossen Katastrophen

KÜNFTIGE KATASTROPHEN

KÖNNTE EINE KATASTROPHE alles Leben auf der Erde vernichten? Vor 65 Millionen Jahren ist möglicherweise ein solches Ereignis eingetreten. Damals starben weltweit alle Dinosaurier aus. Viele Wissenschaftler vertreten heute die Meinung, ein riesiger Meteorit sei auf der Erde eingeschlagen. Gewaltige Aschewolken hätten dann die Erde über Jahre verdunkelt und zu einer dramatischen Abkühlung des Klimas geführt. Auch heute droht wieder eine Klimakatastrophe – allerdings eine, die zu vermeiden wäre. Immer mehr Kohlendioxid in der Atmosphäre beeinflusst das Klima. Geht dies so weiter, könnten die Poleiskappen schmelzen und die Küstenstädte gingen in den ansteigenden Meeren unter. Dies können wir verhindern, wenn wir die Regenwälder erhalten und weniger Kohle, Öl und Gas verbrennen. Wir vergiften unsere Umwelt mit Chemikalien, die die schützende Ozonschicht zerstören. Der ungefilterte Einfall der UV-Strahlen von der Sonne würde verheerende Folgen für Menschen, Tiere und Pflanzen haben.

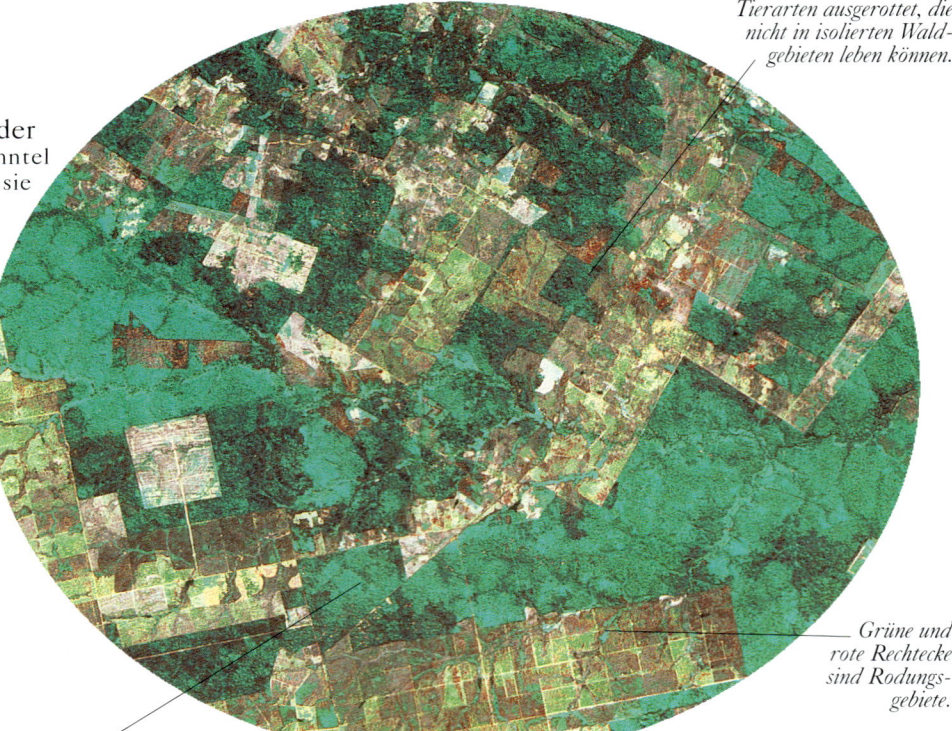

Durch die Rodung werden Tierarten ausgerottet, die nicht in isolierten Waldgebieten leben können.

Vernichtung der Regenwälder
Wälder bedecken etwa vier Zehntel der Landfläche der Erde. Aber sie schrumpfen rasch. Laub und Holz enthalten Kohlenstoff, der beim Fällen als Kohlendioxidgas (CO_2) freigesetzt wird. Durch dieses Abholzen gelangt jedes Jahr genau so viel CO_2 in die Atmosphäre, wie in den USA Gas, Kohle und Öl verbrannt werden. Zunehmender CO_2-Gehalt führt zur globalen Erwärmung, und diese unter anderem zur Erhöhung des Meeresspiegels. Tief liegende Gebiete wie Bangladesh oder die Niederlande würden untergehen, heute noch fruchtbare Regionen würden zu Wüste.

Grüne und rote Rechtecke sind Rodungsgebiete.

Der Regenwald stirbt
In zehn Jahren wurden tropische Regenwälder von der Fläche Ägyptens abgeholzt. Die Bäume werden wegen des wertvollen Holzes oder zur Landgewinnung gefällt.

Diese Satellitenaufnahme von Brasilien zeigt die Regenwälder in grüner Farbe.

Kometenkatastrophe
Wie schmutzige Schneebälle umkreisen Kometen die Sonne. Ihr Schwanz besteht aus leuchtendem Staub und Gas. Die meisten passieren die Erde in großer Entfernung. Aber etwa einmal in hundert Jahren zieht ein großer Komet zwischen Erde und Mond vorbei. Es ist nicht vollständig auszuschließen, dass einer dieser Kometen die Erde treffen könnte. Sein Aufschlag hätte eine sechs Millionen Mal stärkere Wirkung als die Atombombe, die 1945 Hiroshima zerstörte. Ein Feuersturm würde Rauch und Staub freisetzen, die die Sonne verdunkeln würden. Pflanzen könnten nicht wachsen, Tiere und Menschen würden verhungern.

Meteoritenkrater
Kollidieren Asteroiden (kleinere Planeten) im Weltall, zerbrechen sie zu Gesteins- oder Metallbrocken. Wenn diese auf die Erde fallen, nennt man sie Meteoriten. Dieser Krater im Nordosten von Arizona in den USA entstand vermutlich vor 25 000 Jahren durch einen Meteoriteneinschlag. Er ist 1265 Meter breit und so tief, wie ein 60-stöckiges Gebäude hoch ist.

Künftige Katastrophen

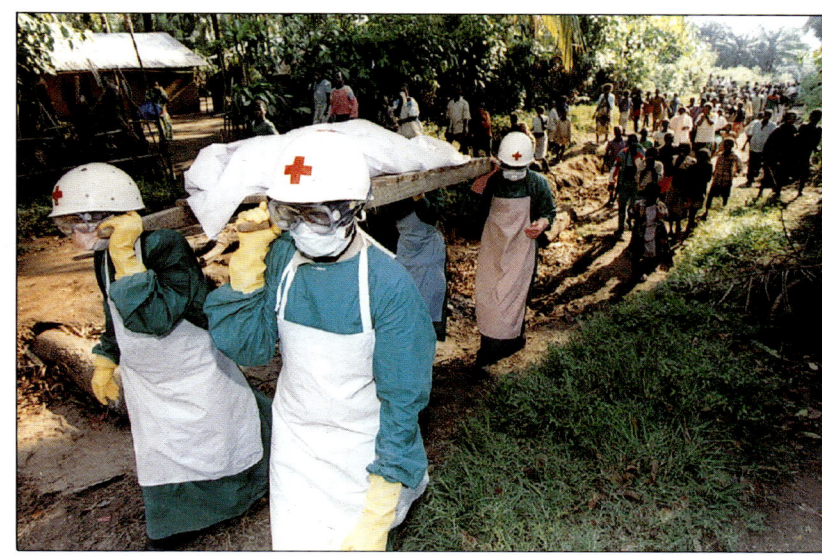

Biologische Katastrophe
Neue und vertraute Krankheiten bedrohen unsere Welt. Manche Bakterien werden nicht mehr von Antibiotika abgetötet, die seit 80 Jahren erfolgreich angewendet wurden. Neue unheilbare Krankheiten breiten sich aus, zum Beispiel Ebola. Die Opfer des Ebola-Virus sterben an furchtbaren Blutungen (oben). Die weltweite Vernetzung macht ältere Krankheiten wieder zur Gefahr. Speiseeis, das in einer einzigen Fabrik erzeugt wurde, verbreitete 1994 Salmonellen in den ganzen USA. 224 000 Amerikaner erkrankten.

Erdbebenkatastrophe
Natürliche Gefahren wie Erdbeben und Tsunamis werden zwar im Laufe der Zeit nicht schlimmer. Doch bei wachsender Erdbevölkerung fordern diese Katastrophen immer mehr Tote. Seit dem Erdbeben von 1906 hat sich die Bevölkerung von San Francisco verdreifacht, und mitten durch die San-Andreas-Verwerfung wurde sogar ein Eisenbahntunnel angelegt. 61 Menschen starben 1994 in einem kleinen Beben (siehe oben), aber ein Beben wie das von 1906 würde heute viel mehr Opfer fordern.

Ozonkatastrophe
Eine Ozonschicht schützt die Erde vor ultravioletter Strahlung (UV). In den achtziger Jahren tauchte über der Antarktis ein Loch in dieser Schicht auf. Wird die Verwendung von ozonschädigenden Chemikalien nicht international begrenzt, erreichen mehr UV-Strahlen die Erde und führen zu Hautkrebs, Blindheit und Ernteschäden.

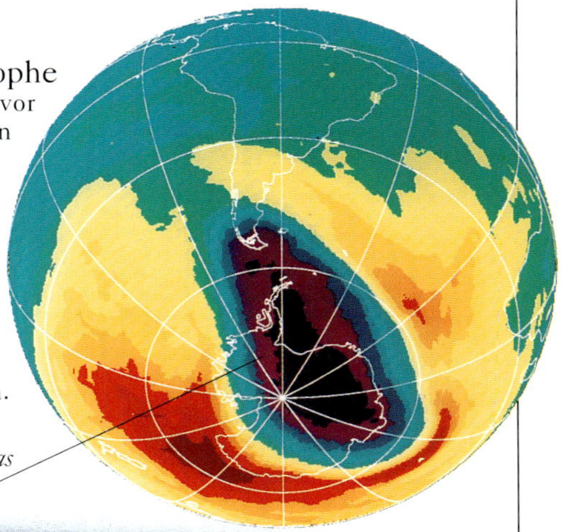

Dieses Satellitenfoto zeigt das Loch in der Ozonschicht.

Vor dem Aufprall wäre der Komet etwa ein Jahr zu sehen. Beim Eintritt in die Atmosphäre würde aus ihm ein Feuerball.

Der Einschlag eines großen Kometen hätte ein Mehrfaches der Zerstörungskraft der Hiroshima-Atombombe.

REGISTER

A
Alpen 26f.
Andermatt 26f.
Antibiotika 31
Archäologie 6f.
Australien 28f.

B
Bangladesch 29f.
Berge 6f., 26f.
Beulenpest 8
Biologische
  Katastrophen 31
Blitze 6f.
Blizzards 14f.
Bodenerosion 22f.
Buschfeuer 10

C
China 12f.

D
Dämme 12f.
Darwin 28f.
Dinosaurier 30
Dschunken 12
Dust Bowl 22f.

E
Ebola-Virus 31
Eis 14f.
Eisberge 20f.
Eisenbahnen 14f.
Elektrizität 7, 25
Elmsfeuer 25f.
England 8f.
Entwaldung 30
Epidemien 8f., 31
Epizentrum 19
Erdbeben 6, 16f., 31
Europa 8

F
Fähren 15
Feuer 18f.
  Großbrand von
    London 10f.
  Hindenburg 24f.
Feuerbreschen 11, 19
Feuerlöschschläuche 11
Feuerversicherung 11
Feuerwehr 11, 19
Flöhe 8
Flughafen 29
Flüsse 12f.

G
Globale Erwärmung 30
Goldrausch 18
Great Plains 22
Großbrand von London 10f.

H
Häuser
  chinesische 12
  in Darwin 28
  japanische 17
  in London 10f.
  römische 6f.
  in San Francisco 18
Herculaneum 6f.
Hindenburg 24f.
Honshu 16
Hungersnot 8, 12f.
Hurrikane, siehe Zyklone
Hwangho (Gelber Fluß) 12f.
Hysterie 9

I
International Ice Patrol 21

J
Japan 16f.

K
Kaffa 8
Kalifornien 18f., 23
Kansas 22f.
Kohlendioxid 30
Kometen 30f.
Krankheit 8f., 17, 29, 31

L
Lakehurst, New Jersey 24
Landwirtschaft 22f.
Lawinen 26f.
London 10f.
Luftschiffe 24f.
Luftverschmutzung 30f.
Lungenpest 8

M
Magma 7
Meteoriten 30

N
New York 14f.
Niederlande 30

O
Ozeane 15, 30
Ozonschicht 30f.

P
Passagierschiff 20f.
Pest 8f., 13
Polareiskappen 30
Pompeji 6f.
Pudding Lane 10

R
Ratten 9
Regenwald 30
Rettungsboote 20f.
Römer 6f.

S
Salmonellen 31
San Francisco 18f., 31
San-Andreas-Verwerfung
  18, 31
Saratoga Springs 15
Schlamm 6f., 12f.
Schnee
  Lawinen 26f.
  Blizzards 14f.
Schneezäune 27
Schwarzer Tod 8f.
Schweiz 26f.
Skifahren 26
St.-Pauls-Kathedrale 10f.
Statische Elektrizität 7
Staubstürme 22f.

T
Taifune, siehe Zyklone
Tektonische Platten 18
Titanic 20f.
Tsunami 16f., 31

U
Überschwemmungen
  12f., 30
Ultraviolette Strahlung 31
Umweltkatastrophen 30f.
USA 14f., 18f., 22f., 31

V
Vesuv 6f.
Vulkanasche 6f.
Vulkanausbrüche 6f., 17

W
Wasserstoff 24f.
Wind 10
Wren, Sir Christopher 11
Wüstenbildung 22f., 30

Z
Zyklone 28f.

DANKSAGUNGEN
Der Verlag dankt folgenden Personen für ihre Mitarbeit:

Buchgestaltung: Joanne Earl, Ann Cannings, Joanna Pocock
Lektorat: Francesca Baines, Shirin Patel, Nancy Jones, Robert Graham
Register: Chris Bernstein
Aus dem Englischen übersetzt von Dr. Michael Schmidt

Bildnachweise:
o = oben, M = Mitte, u = unten, r = rechts, l = links
Bridgeman Art Library: Guildhall Library, Great Fire of London (1799), JC Stadler 20/21 ul; Corbis-Bettman: 28/29 ur; Frank Lane Picture Agency: 10 Ml, Australian Information Service 15 Mr; Getty Images: 14 ol, 24 or, 25 Mr, 25 ur, Keystone 11 ol, Ingrid Morejohn: 18 ur, 19 ol; Mary Evans Picture Library: 21 ol, 29 ur; NASA: 14 ul, 31 Mr; Natural History Photographic Agency: 31 Mr; Planet Earth Pictures: David E. Rowley 10 ol; Popperfoto: 14/15 ol, 31 or; Rex Features: 31/32 oM; Robert Harding Picture Library: Tony Wattham 2 oMl, Carol Jopp 29 ul; Science Photo Library: David Hardy 28 ol, 32 ul, 32 Ml; Topham Picturepoint: 26 ol, 27 ur; Zefa: 3 oM.